陆军作战实验组织与实施

王春雷 贾晨星 李 策 袁 峰 著

国防工业出版社

·北京·

内 容 简 介

本书系统研究了陆军作战实验组织实施的理论、方法及要求,分析了陆军作战实验组织实施的涵义、作用、步骤和现状,阐述了陆军作战实验的三大基础:实验室、实验系统和实验队伍,提出了陆军作战实验组织实施的原则和要求,重点探讨了陆军作战实验组织、陆军作战实验筹划、陆军作战实验准备、陆军作战实验实施、陆军作战实验分析及陆军作战实验总结的内容、方法及要求。

本书的适用对象主要是陆军作战实验理论研究与实践工作者。

图书在版编目(CIP)数据

陆军作战实验组织与实施/王春雷等著. —北京:国防工业出版社,2024.1重印
ISBN 978-7-118-12534-4

Ⅰ.①陆… Ⅱ.①王… Ⅲ.①陆军—作战—研究 Ⅳ.①E151

中国版本图书馆 CIP 数据核字(2022)第 114677 号

※

国防工业出版社出版发行
(北京市海淀区紫竹院南路23号 邮政编码100048)
北京虎彩文化传播有限公司印刷
新华书店经售

*

开本 710×1000 1/16 印张 10¼ 字数 178 千字
2024年1月第1版第2次印刷 印数 1001—2000 册 定价 72.00 元

(本书如有印装错误,我社负责调换)

国防书店:(010)88540777 书店传真:(010)88540776
发行业务:(010)88540717 发行传真:(010)88540762

前 言

作战实验是推动信息时代军队转型建设的重要引擎,其目的是通过实验的方法和手段,找出影响实验目标的关键因素和因素间的相互关系,进而发现和验证作战规律,从而为作战理论创新提供技术支撑,为信息化建设提供需求牵引,为教育训练提供科学参考。陆军作战实验作为作战实验的重要分支,在陆军作战理论创新、作战方案验证、作战指挥决策、武器装备建设运用等领域具有广阔的应用前景。面对多种陆军作战实验任务,陆军作战实验如何科学规范地组织实施,才能确保达到实验预期效果,成为陆军作战实验运用亟待解决的重要现实问题。从理论上阐述和解答这些问题,是新时代赋予陆军作战实验组织实施的新使命。

本书系统研究了陆军作战实验组织实施的理论、方法及要求。全书共九章,第一章为概述,分析了陆军作战实验组织实施的涵义和特点、方式和作用、步骤和工作、现状及发展;第二章为陆军作战实验基础,阐述了陆军作战实验的三大基础:陆军作战实验室、陆军作战实验系统和陆军作战实验队伍;第三章为陆军作战实验原则与要求,提出了陆军作战实验组织实施的五条基本原则和五项主要要求;第四章至第九章,分别论述了陆军作战实验组织、陆军作战实验筹划、陆军作战实验准备、陆军作战实验实施、陆军作战实验分析及陆军作战实验总结的内容、方法及要求。

本书是作者根据多年陆军作战实验实践经验,吸收前期陆军作战实验理论研究成果,并对陆军作战实验组织实施进行深入思考、集体研究的基础上形成的。在编写过程中,作者参阅了大量的参考文献,立足陆军作战实验现状,较为全面、系统论述了陆军作战实验组织实施的理论、方法及要求,注重创新性和操作性相结合,使本书具有较强的创新性和较高的实用价值,能够进一步丰富完善陆军作战实验理论体系,为陆军作战实验组织实施实践提供理论参考和方法借鉴,并可促进陆军作战实验活动的广泛开展。

成书过程中得到了各位领导和同志们的热忱帮助及支持,在此表示衷心感谢! 由于作者水平有限,书中不当之处恐难避免,敬请读者不吝赐教、批评指正。

编 者

二〇二〇年六月于石家庄

目 录

第一章 概述 ……………………………………………………… 1
第一节 陆军作战实验组织实施的涵义及特点 ………………… 1
一、陆军作战实验组织实施的涵义 ………………………… 1
二、陆军作战实验组织实施的特点 ………………………… 3
第二节 陆军作战实验组织实施的方式和作用 ………………… 5
一、陆军作战实验组织实施的方式 ………………………… 5
二、陆军作战实验组织实施的作用 ………………………… 7
第三节 陆军作战实验组织实施的步骤和工作 ………………… 8
一、陆军作战实验组织实施的基本步骤 …………………… 8
二、陆军作战实验组织实施的主要工作 …………………… 9
第四节 陆军作战实验组织实施的现状及发展 ………………… 11
一、陆军作战实验组织实施的现状 ………………………… 12
二、陆军作战实验组织实施的发展趋势 …………………… 15
第二章 陆军作战实验组织实施的基础 …………………………… 17
第一节 陆军作战实验室 ………………………………………… 17
一、陆军作战实验室的涵义 ………………………………… 17
二、陆军作战实验室的体系及组成 ………………………… 19
三、陆军作战实验室的地位作用 …………………………… 22
四、陆军作战实验室的运用类型 …………………………… 23
第二节 陆军作战实验系统 ……………………………………… 25
一、陆军作战实验系统的分类 ……………………………… 25
二、陆军作战实验系统的组成与功能 ……………………… 28
三、陆军作战实验系统的作用 ……………………………… 31
四、陆军作战实验系统的运用方法 ………………………… 33
第三节 陆军作战实验队伍 ……………………………………… 34
一、陆军作战实验队伍的组成 ……………………………… 34

V

二、陆军作战实验队伍的作用 …………………………………… 35
　　三、陆军作战实验队伍的培养 …………………………………… 36

第三章　陆军作战实验组织实施原则与要求 ……………………………… 38
第一节　陆军作战实验组织实施的基本原则 …………………………… 38
　　一、目的性原则 …………………………………………………… 38
　　二、整体性原则 …………………………………………………… 39
　　三、客观性原则 …………………………………………………… 39
　　四、高效性原则 …………………………………………………… 40
　　五、经济性原则 …………………………………………………… 41
第二节　陆军作战实验组织实施的主要要求 …………………………… 42
　　一、周密计划,细致准备 …………………………………………… 42
　　二、精心组织,科学实施 …………………………………………… 43
　　三、密切监控,灵活控制 …………………………………………… 44
　　四、足量采集,综合分析 …………………………………………… 44
　　五、客观评估,认真总结 …………………………………………… 45

第四章　陆军作战实验组织 ………………………………………………… 47
第一节　明确陆军作战实验定位 ………………………………………… 47
　　一、明确陆军作战实验目的 ……………………………………… 47
　　二、明确陆军作战实验层次 ……………………………………… 48
　　三、明确陆军作战实验对象 ……………………………………… 49
　　四、明确陆军作战实验手段 ……………………………………… 51
第二节　选择陆军作战实验组织方法 …………………………………… 53
　　一、陆军作战实验单独组织与联合组织 ………………………… 53
　　二、陆军作战实验专门组织与嵌入组织 ………………………… 54
　　三、陆军作战实验分段组织与连贯组织 ………………………… 54
　　四、陆军作战实验集中组织与分布组织 ………………………… 55
第三节　建立陆军作战实验组织机构 …………………………………… 55
　　一、陆军作战实验领导小组 ……………………………………… 56
　　二、陆军作战实验实施小组 ……………………………………… 56
　　三、陆军作战实验保障小组 ……………………………………… 57
　　四、陆军作战实验评估小组 ……………………………………… 57
第四节　组织陆军作战实验培训 ………………………………………… 58

一、组织陆军作战实验理论培训 …………………………… 59
　　二、组织陆军作战实验系统培训 …………………………… 60
　　三、组织陆军作战实验保障培训 …………………………… 62
　　四、组织陆军作战实验方案培训 …………………………… 63
第五章　陆军作战实验筹划 …………………………………………… 65
　第一节　开展陆军作战实验规划 ………………………………… 65
　　一、陆军作战实验规划的内容 ……………………………… 65
　　二、陆军作战实验规划的要求 ……………………………… 66
　第二节　进行陆军作战实验设计 ………………………………… 67
　　一、陆军作战实验设计的内容 ……………………………… 67
　　二、陆军作战实验设计的要求 ……………………………… 68
　第三节　编写陆军作战实验想定 ………………………………… 69
　　一、陆军作战实验想定的涵义 ……………………………… 69
　　二、陆军作战实验想定的内容 ……………………………… 70
　　三、编写陆军作战实验想定的要求 ………………………… 71
　第四节　拟制陆军作战实验计划 ………………………………… 73
　　一、陆军作战实验计划的种类及内容 ……………………… 73
　　二、拟制陆军作战实验计划的要求 ………………………… 74
第六章　陆军作战实验准备 …………………………………………… 75
　第一节　构设陆军作战实验环境 ………………………………… 75
　　一、陆军作战实验场地准备 ………………………………… 75
　　二、陆军作战实验设备准备 ………………………………… 77
　　三、陆军作战实验标识准备 ………………………………… 80
　第二节　陆军作战实验系统部署 ………………………………… 80
　　一、准备陆军作战实验系统软件 …………………………… 80
　　二、部署陆军作战实验系统软件 …………………………… 81
　　三、陆军作战实验系统联调联试 …………………………… 83
　第三节　陆军作战实验数据准备 ………………………………… 84
　　一、收集陆军作战实验数据 ………………………………… 84
　　二、处理陆军作战实验数据 ………………………………… 87
　　三、输入陆军作战实验数据 ………………………………… 88
　第四节　进行预先作战实验 ……………………………………… 89

一、预先作战实验的内容 …………………………………… 89
　　二、预先作战实验的方法 …………………………………… 90
　　三、预先作战实验的要求 …………………………………… 91

第七章　陆军作战实验实施 ……………………………………… 93
　第一节　"人不在环"陆军作战实验 …………………………… 93
　　一、设置陆军作战实验条件 ………………………………… 93
　　二、输入陆军作战方案数据 ………………………………… 94
　　三、进行作战模拟仿真实验 ………………………………… 97
　第二节　"人在环"陆军作战实验 ……………………………… 99
　　一、设置陆军作战实验条件 ………………………………… 99
　　二、输入陆军作战计划指令 ………………………………… 100
　　三、实施模拟对抗推演实验 ………………………………… 102
　第三节　进行陆军作战实验控制 ……………………………… 105
　　一、观察陆军作战实验过程 ………………………………… 105
　　二、控制陆军作战实验节奏 ………………………………… 106
　　三、处置陆军作战实验意外情况 …………………………… 107
　　四、调整陆军作战实验方案 ………………………………… 108
　第四节　陆军作战实验数据采集 ……………………………… 109
　　一、陆军作战实验数据采集的作用 ………………………… 109
　　二、陆军作战实验数据采集的类型 ………………………… 110
　　三、陆军作战实验数据采集的步骤 ………………………… 111
　　四、陆军作战实验数据采集的方法 ………………………… 112
　　五、陆军作战实验采集数据的存储 ………………………… 113
　　六、陆军作战实验数据采集的要求 ………………………… 114

第八章　陆军作战实验分析 ……………………………………… 116
　第一节　陆军作战实验数据整理 ……………………………… 116
　　一、陆军作战实验数据整理的作用 ………………………… 116
　　二、陆军作战实验数据整理的方法 ………………………… 117
　　三、陆军作战实验数据整理的要求 ………………………… 120
　第二节　陆军作战实验数据分析 ……………………………… 121
　　一、陆军作战实验数据分析的作用 ………………………… 121
　　二、陆军作战实验数据分析的方法 ………………………… 122

三、陆军作战实验数据分析的要求 …………………………………… 129
第三节　形成陆军作战实验结论 …………………………………………… 130
　　一、陆军作战实验结果分析与解释 …………………………………… 130
　　二、陆军作战实验结果可信性评估 …………………………………… 131
　　三、形成陆军作战实验结论与实验成果 ……………………………… 132
第四节　陆军作战实验报告撰写 …………………………………………… 132
　　一、陆军作战实验报告的认识 ………………………………………… 133
　　二、陆军作战实验报告的内容 ………………………………………… 133
　　三、陆军作战实验报告撰写的方法 …………………………………… 135
　　四、陆军作战实验报告撰写的要求 …………………………………… 136

第九章　陆军作战实验总结 …………………………………………… 139
第一节　进行陆军作战实验评估 …………………………………………… 139
　　一、陆军作战实验评估的内容 ………………………………………… 139
　　二、陆军作战实验评估的方法 ………………………………………… 140
　　三、陆军作战实验评估的要求 ………………………………………… 142
第二节　进行陆军作战实验总结 …………………………………………… 144
　　一、陆军作战实验总结的内容 ………………………………………… 144
　　二、陆军作战实验总结的方法 ………………………………………… 144
　　三、陆军作战实验总结的要求 ………………………………………… 145
第三节　陆军作战实验资料归档 …………………………………………… 147
　　一、陆军作战实验资料归档的内容 …………………………………… 147
　　二、陆军作战实验资料归档的方法 …………………………………… 148
　　三、陆军作战实验资料归档的要求 …………………………………… 150

参考文献 ……………………………………………………………………… 152

第一章 概 述

作战实验是一种战争"预实践",其在新军事技术的支撑下,以特有的优势开辟了作战理论与战法创新、作战设计与方案验证、实案实战化训练的新领域,成为探索克敌制胜之道、生成体系作战能力、检验衡量训练成效、摸清与强敌交战的底数、增强敢打必胜信心的科学途径。陆军作战实验作为作战实验在陆军作战领域的具体应用,是陆军建设的重要组成部分,是推进陆军现代化建设的加速器。

第一节 陆军作战实验组织实施的涵义及特点

克劳塞维茨在《战争论》中指出:"任何理论首先必须澄清杂乱的、可以说是混淆不清的概念和观念。只有对名称和概念有了共同的理解,才可能清楚而顺利地研究问题,才能同读者常常站在同一个立足点上。"陆军作战实验组织实施的涵义及特点是研究陆军作战实验组织实施相关问题的逻辑起点,必须科学界定和客观分析。

一、陆军作战实验组织实施的涵义

(一)陆军作战实验

关于作战实验,外军和我军有不同的认识。目前,美国和北约已将"作战实验"一词纳入军语。美国国防部有关机构对作战实验的定义是:"作战实验(Warfighting Experimentation)是支持作战概念和作战能力发展的科学实验活动。"我军对作战实验的认识不够统一。2011年版《中国人民解放军军语》(以下简称《军语》)中将作战实验定义为:"在可控、可测、近似真实的模拟对抗环境中,运用作战模拟手段研究作战问题的活动。"2013年军事科学出版社出版的

《作战实验学教程》将作战实验定义为："在可控、可测条件下，改变作战实验中的军事力量、战法、作战环境等因素，并考察其作战进程和结局，观察和验证作战现象，从而认识和指导战争指导规律的研究活动。"上述定义都从作战实验手段、作战实验环境、作战实验过程、作战实验变量和作战实验任务等方面来定义作战实验，但每个方面的具体内容又有所不同。

2016年军事科学出版社出版的《陆军作战实验概论》中，对上述定义进行了综合分析，在此基础上，将作战实验定义为："在可控、可测、可析条件下，运用作战模拟手段，对有关作战的假定实施验证的活动。"由于陆军作战实验是作战实验在陆军作战领域的应用，作战实验对象范围限定在陆军作战相关的问题范围内，因此，由作战实验定义映射出了陆军作战实验的定义："在可控、可测、可析条件下，运用作战模拟手段，对有关陆军作战的假定进行验证的实践活动。"从上述定义，我们不难看出陆军作战实验的本质是具体实践活动，目的是用虚拟作战事实验证假定。

（二）陆军作战实验组织实施

陆军作战实验组织实施，从字面上理解就是对陆军作战实验的组织与实施。因此，要定义陆军作战实验组织实施，需要弄清三个关键词：陆军作战实验、组织、实施。陆军作战实验在前面已经进行了详细阐述，这里不再赘述。关于组织，有广义和狭义之分。从广义上说，组织是指由诸多要素按照一定方式相互联系起来的系统。从狭义上说，组织就是人们为实现一定的目标，互相协作结合而成的集体或团队，如党团组织、工会组织、企业组织、军事组织等。狭义的组织，还指按照一定的目的、任务和系统，安排分散的人或事物，使具有一定系统性或整体，如组织演习。而实施的涵义比较单一，是指实际施行，如实施新的大纲。

实际上，关于陆军作战实验组织实施，也有广义和狭义之分。广义的陆军作战实验组织实施，指的是陆军作战实验全过程的组织与实施，与演习组织与实施类似。狭义的陆军作战实验组织实施则指的是陆军作战实验过程中的组织实施环节，除了组织实施环节外，陆军作战实验过程还包括规划设计、分析评估等环节。具体陆军作战实验组织实施是广义的，还是狭义的，主要取决于使用场合，如果陆军作战实验组织实施单独提及或独立使用，则为广义的陆军作战实验组织实施，如果陆军作战实验组织实施与规划设计、分析评估等一并提及或同时使用，则为狭义的陆军作战实验组织实施。本书所研究的陆军作战实验组织实施，则属于广义的陆军作战实验组织实施。

目前,对广义的陆军作战实验组织实施尚无定义,根据对陆军作战实验组织实施的认识以及多年参与陆军作战实验的实践经验,我们认为:陆军作战实验组织实施,是为了实现陆军作战实验目的,作战实验人员在作战实验组织和保障下依据作战实验方案计划开展和完成各项作战实验工作的实践过程。准确理解陆军作战实验组织实施的定义,应注意把握以下几点:①陆军作战实验组织实施本质是实践活动,而且是一个持续过程。②陆军作战实验组织实施是有目的性的,虽然其直接目的是确保陆军作战实验有计划、有秩序、有步骤地顺利进行,但是其根本目的是实现陆军作战实验目的。③陆军作战实验组织实施是集作战实验组织、作战实验实施与作战实验保障于一体的过程,缺少任何一个方面,陆军作战实验组织实施都很难进行。④陆军作战实验组织实施是有计划的活动,需要对作战实验进行规划设计,需要编写作战实验方案计划,而后按照计划安排实施,而不是没有计划安排的随意自由实验。

二、陆军作战实验组织实施的特点

陆军作战实验组织实施作为一种特殊的实践活动,具有如下特点。

(一)专业性较强

陆军作战实验属于科学实验活动。科学实验活动对专业性的要求一般比较高,陆军作战实验也不例外。陆军作战实验的专业性不仅仅体现在作战实验指标制定、作战实验模型构建、作战实验系统研发、作战实验问题设计等方面,作战实验组织实施同样具有较强的专业性。首先,需要由专业团队来组织实施陆军作战实验,最好是专业作战实验队伍,否则必须在陆军作战实验前进行作战实验培训,补足作战实验专业知识,提高作战实验专业技能。其次,需要有专业经验支撑陆军作战实验组织实施,如何科学组织作战实验人员、如何灵活控制实施节奏、如何快速处理意外情况等无不需要较强的专业经验。

(二)参与人员广

陆军作战实验组织实施过程参与人员比较广,既有具体作战实验的人员,还有作战实验领导、组织、评估和各种保障人员,而且很多时候作战实验参与人员来自多个单位。陆军作战实验除一些个人实验、小组实验参与人员数量较少外,很多时候需要很多人参与,尤其是采取对抗推演、实兵演习形式组织实施陆军作战实验时,参与人员数量成倍增加,少则几十人,多则成百上千人。可以说,陆军作战实验组织实施是一项典型的集体活动,需要所有作战实验人员全员上阵,共同参与协力完成各项作战实验任务,才能达成预期作战实验目的。

(三) 过程较复杂

陆军作战实验组织实施是一个较为复杂的过程,需要遵循一定的流程,各阶段作战实验工作内容较多,既要进行科学的作战实验设计,还要进行精心的作战实验组织;既要进行细致的作战实验准备,还要进行周密的作战实验实施;既要进行科学的数据分析,还要进行扎实的作战实验总结。陆军作战实验过程中如何将众多作战实验人员科学分工,有效组织在一起形成合力,确保各项作战实验工作有条不紊展开也并非易事。在很多时候,需要对多个作战实验内容采取多种方法进行作战实验,实验次数往往不止一次,作战实验过程中还需要临机处理各种意外情况,这使得实验组织实施的复杂程度成倍增加。

(四) 环节关联紧

陆军作战实验组织实施包括作战实验筹划、实施、分析、总结等环节,各环节前后关联非常紧密,任何一个环节出现问题都会对后面环节产生影响。比如,陆军作战实验实施环节在陆军作战实验过程中处于中间位置。一方面,陆军作战实验实施需要作战实验筹划环节所确定的方案计划提供依据和指导,而作战实验筹划内容需要通过实验实施来落实,作战实验筹划目标需要通过实验实施来实现,实验实施的好坏将直接关系到规划设计的落实程度;另一方面,陆军作战实验分析评估需要通过作战实验实施来提供数据支撑,而陆军作战实验实施需要作战实验分析评估提供实验数据采集需求。由此可以看出,陆军作战实验组织实施各环节是串行展开的,前后环节紧密关联。

(五) 影响因素多

陆军作战实验组织实施的影响因素比较多,既受作战实验组织水平高低的影响,又受作战实验实施安排的影响;既受作战实验人员能力强弱的影响,又受作战实验场地条件好坏的影响,还受作战实验实施保障质量的影响,这些影响因素都会直接或间接地对作战实验组织实施产生一定程度的影响。陆军作战实验组织实施过程中还可能遇到各种意外情况,比如,个别实验人员因故无法参加实验,致使作战实验设备出现硬件故障,作战实验系统出现数据丢失等,这些意外情况如果处理不及时或处理不好,就可能导致陆军作战实验组织实施被迫暂停或终止。

第二节 陆军作战实验组织实施的方式和作用

弄清陆军作战实验组织实施有哪些方式,搞清陆军作战实验组织实施的作用何在,是陆军作战实验组织实施研究的重要内容,对于深化对陆军作战实验组织实施的认识具有非常重要的作用。

一、陆军作战实验组织实施的方式

陆军作战实验采取不同作战实验方式时,组织实施的方式也有所不同。陆军作战实验,既可以是在作战实验室的实验,也可以是在演习场上的实验,还可以是在实际战场上的实验。因此,陆军作战实验组织实施的方式,按照实验场地的不同,总体上可分为作战实验室实验组织实施、演习场实验组织实施和实战实验组织实施三种方式。其中,作战实验室实验组织实施是目前最常用也是最主要的陆军作战实验组织实施方式,更是本书研究的重点。后面无特殊说明,则陆军作战实验特指作战实验室实验。

(一)作战实验室实验组织实施

作战实验室实验主要利用实际数据、成熟模型和计算机技术,模拟和计算作战问题,观察和记录作战实验结果,分析和研究作战实验结论。作战实验室实验主要依托作战实验系统进行,这种实验方法又被称为基于实验系统的陆军作战实验。

美军从空袭利比亚的"外科手术打击",到海湾战争38天和科索沃战争78天的大空袭,从阿富汗战争的空中打击,到伊拉克战争的地面突进,这些"制式"战法的产生都源于作战实验室。科学发展表明,科学理论的许多重大发现都源于实验室实验,而战争胜负也越来越依赖于对作战理论的设计和较量。未来作战的众多现实理论课题,都将集中于军事科学的"实验室"。为了适应新军事变革的需要,除了从战争中学习战争,还需要从实验室中学习战争;除了从历史中学习战争,还要从"未来"中学习战争,而这个"未来",一定是在作战实验室里创造出来的。

作战实验室实验的优点在于：①适应范围广。它可以提供作战实验所需的各种内容，如还没有制造出来的新概念武器装备以及任意的兵力兵器和作战条件等。②费用消耗较低。对战术场地、人员数量、武器装备等因素依赖较小，不需要大型的战术场地，也不需要动用大量的人员和武器装备，更不需要在现地进行复杂的计划和协调活动，可基本依托计算机进行演练，可以提供同一次作战条件，供作战人员进行反复的练习。③作战实验结果比较客观。能够连续不断地提供战场情况，有效地避免实兵演习中某些关键过程由于人为因素造成的误差。

（二）演习场实验组织实施

演习场实验主要利用演习场地、武器装备和作战部队，通过指挥和控制部队的作战行动，观察和记录部队的行动效果，研究和分析部队的作战能力。演习场实验通常采取实兵演习的方法进行，有"真实"兵力和装备参加，假设的敌人由参加演习的部分实际兵力扮演或虚设，其使用的装备是实际或模拟的武器。

演习场实验具有最接近实战、比较真实的优点，但其组织、保障工作十分复杂，投入的人力、物力和时间较多，装备和物资消耗较大，且受场地的限制，因此，演习场实验不能大规模、经常性实施，只能用于陆军作战实验的一些关键环节。虽然如此，但其作用不可小视。计算机模拟需要实兵行动提供建模数据；需要实兵来检验模型的客观性；更重要的是，只有用实兵，才能看到人员装备等在战场上的真实表现。

（三）实战实验组织实施

实战实验是指利用实际战争对陆军武器装备、作战理论或战法等进行检验。对于一些复杂的陆军作战构想仅仅依靠作战实验室实验以及和平状态下的实兵检验是难以实现的，必然要经过实战的现实检验才有可能达到构想所确定的目标。

尽管实战实验需要依托战争进行，无法经常使用，但其真实性是最好的。在实战实验中，战场条件、作战对手、人员和武器装备等都是真实存在的，战争过程都是实打实的对抗，作战双方的各种缺点和不足都会暴露无遗，因此，通过实战实验得出的检验结果是最客观、最具说服力的。从这种意义上说，实战实验是作战实验活动的延伸，是"流血的作战实验场"，是检验军队建设成果最好的"试金石"。

美国等国家在阿富汗战争、伊拉克战争中就有意识地将平时实验过的一些作战概念和技术运用到战场,将网络中心战的概念、"震慑"和"斩首"等作战方式延伸到了作战的过程中,使得作战不再单纯是为了发射武器、摧毁敌人,而是带有对各种理论和装备进行检验和评判的目的。

二、陆军作战实验组织实施的作用

陆军作战实验组织实施作为陆军作战实验的实践环节,是陆军作战实验活动的重要组成部分,发挥着非常重要的作用,主要表现在以下三个方面。

(一) 直接决定陆军作战实验过程的顺利高效

顺利高效是陆军作战实验过程的最高追求,而陆军作战实验组织实施水平将直接决定作战实验过程的顺利高效程度。陆军作战实验组织实施得好,就可以使所有作战实验人员各司其职、各负其责、形成合力,作战实验计划安排周密细致,各项作战实验工作有条不紊、井然有序展开,从而确保整个作战实验过程的顺利高效。而如果陆军作战实验组织实施得不好,就会在陆军作战实验过程中出现各种各样的问题,如人员分工不明、职责不清,计划安排不周、准备不充分、实验工作冲突等,就会导致作战实验过程磕磕绊绊、问题频出,甚至可能使作战实验被迫暂停或终止,更不用说作战实验过程的顺利高效。

(二) 直接制约陆军作战实验任务的圆满完成

每次陆军作战实验都有特定的实验任务,只有圆满完成预定的作战实验任务,才能称作战实验取得成功或达到预期实验目的。陆军作战实验任务的完成需要通过作战实验组织实施来实现,完成的关键在于实验数据的采集和分析。陆军作战实验组织实施得好,就能在较短的时间内采集足量、准确的作战实验数据,为深入分析作战实验数据、快速形成作战实验结论提供强力支撑,从而确保作战实验任务圆满完成。而如果陆军作战实验组织实施得不好,则可能导致出现作战实验数据采集数量、准确度不够的问题,会在一定程度上影响陆军作战实验分析评估的质量,严重时,甚至会无法得到所需的作战实验数据,使得陆军作战实验分析评估无法进行,导致作战实验任务失败。

(三) 直接影响作战实验价值的持续发挥

陆军作战实验活动的价值不仅在于每次作战实验活动本身的价值,还在于作战实验结束后能够持续发挥作战实验价值。作战实验活动本身价值在于通过作战实验完成相应实验任务,达成预期作战实验目的,而作战实验价值的持续发挥则在于作战实验活动中所形成的成果资料能够为后续作战实验活动或作战问题研究提供参考、借鉴和启发。陆军作战实验组织实施将直接影响作战实验价值能否持续发挥。只有在陆军作战实验实施过程中注重对作战实验过程中各种情况进行详细记录,作战实验结束后对作战实验方案、计划、实验数据、实验报告等成果材料进行全面归档,才能为后续作战实验价值的持续发挥打下良好基础。

第三节 陆军作战实验组织实施的步骤和工作

研究陆军作战实验组织实施的步骤和工作,是宏观上明确陆军作战实验组织实施的方法步骤及主要实验工作,从而为后续展开深入研究奠定基础。

一、陆军作战实验组织实施的基本步骤

目前,学术界对陆军作战实验实施步骤有一定研究,主要形成了两种认识:一种认为陆军作战实验实施步骤通常由作战实验准备、作战实验实施和作战实验分析三个阶段组成;另一种认为陆军作战实验实施大致都遵循作战实验设计、作战实验准备、作战实验实施、作战实验分析四个阶段。从陆军作战实验实践来看,三个阶段或四个阶段的实验实施步骤都不够完整,均缺少作战实验总结阶段,因为陆军作战实验作为一种长期开展的实践活动,非常有必要对作战实验活动进行总结,以利于升华提高。此外,第一个阶段名称为作战实验设计也不够全面,无法涵盖这阶段的作战实验规划、作战实验计划等陆军作战实验工作,如将其改为作战实验筹划阶段,则可全面涵盖该阶段的所有工作。陆军作战实验实施步骤的描述主要强调作战实验的实施属性,未体现陆军作战实验作为一种有组织实践活动的组织属性,因此,称其为陆军作战实验组织实施步骤较为合适,能够同时体现陆军作战实验的组织属性和实施属性。

综合以上分析,陆军作战实验组织实施的基本步骤应包括五个阶段:作战实验筹划阶段、作战实验准备阶段、作战实验实施阶段、作战实验分析阶段和作战实验总结阶段。另外,需要特别说明的是,虽然作战实验组织和作战实验保障都不是一个独立阶段,但两者是贯穿陆军作战实验全过程五个阶段的非常重要的

工作。陆军作战实验组织实施的基本步骤如图 1-1 所示。

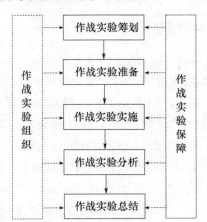

图 1-1　陆军作战实验组织实施基本步骤图

二、陆军作战实验组织实施的主要工作

从陆军作战实验组织实施基本步骤分析,我们知道陆军作战实验组织实施分为陆军作战实验筹划、陆军作战实验准备、陆军作战实验实施、陆军作战实验分析和陆军作战实验总结五个阶段,各阶段的主要工作如下。

(一)陆军作战实验筹划阶段工作

陆军作战实验筹划阶段,主要对陆军作战实验活动进行统筹考虑、预先设计和计划安排。该阶段从陆军作战实验规划开始,到完成陆军作战实验计划结束。该阶段的主要工作包括陆军作战实验规划、陆军作战实验设计、陆军作战实验计划等。从陆军作战实验规划,到陆军作战实验设计,再到陆军作战实验计划,是陆军作战实验逐步明确、逐步细化、逐步具体的过程。陆军作战实验规划主要是对整个陆军作战实验活动进行宏观规划,内容包括作战实验指导思想、作战实验目标、作战实验任务、作战实验工作指南等。陆军作战实验设计是对陆军作战实验相关活动进行的具体设计,设计的依据和基础是作战实验规划成果,内容主要包括作战实验总体设计、作战实验问题设计、作战实验想定设计、作战实验技术设计等。陆军作战实验计划是对陆军作战实验过程进行详细计划安排,是保证陆军作战实验高效运行的关键,内容包括作战实验准备计划、作战实验实施计划、作战实验保障计划、作战实验数据采集计划、作战实验分析计划、作战实验评估计划等。

（二）陆军作战实验准备阶段工作

陆军作战实验准备阶段，是在陆军作战实验筹划的基础上，展开相应的各项准备工作，是做好陆军作战实验的基础。该阶段从陆军作战实验场地准备开始，到完成预先实验结束。该阶段的主要工作包括陆军作战实验环境构设、陆军作战实验系统部署、陆军作战实验数据准备、预先作战实验等。陆军作战实验环境构设要搭建作战实验基础设施，包括实验场地、实验设备、实验标识等内容，实验主体、控制者、观测者和支持实验的技术人员之间的通信联络、数据保障系统和后勤保障系统。陆军作战实验系统部署，主要准备陆军作战实验系统软件，将其按需部署到相应席位，并进行联调联试，确保系统正常稳定运行。陆军作战实验数据准备，主要针对陆军作战实验所需的各种数据，进行收集、处理和输入等工作。预先作战实验在正式作战实验之前，对陆军作战实验技术系统进行联机测试，对整个陆军作战实验过程进行预演或彩排，目的是确保陆军作战实验环境运行正常，使参加陆军作战实验的人员进一步熟悉作战实验计划，发现陆军作战实验计划中存在的漏洞或可能出现的问题，制订应急预案，进一步修改和充实陆军作战实验计划。

（三）陆军作战实验实施阶段工作

陆军作战实验实施阶段，是在陆军作战实验准备的基础上，根据作战实验目标，按照作战实验计划，在人为的控制、监控下，循序渐进地进行作战实验活动，并采集所需的作战实验数据。作战实验实施阶段从正式实验开始，到完成实验数据采集结束。该阶段的主要工作包括作战实验计划实施、控制作战实验、作战实验数据采集等。作战实验实施过程是按照作战实验计划展开作战实验，重点是控制质量，确保作战实验的过程符合实验设计要求，确保采集到正确可靠的实验数据。

（四）陆军作战实验分析阶段工作

陆军作战实验分析阶段，主要对陆军作战实验得到的数据进行整理、分析、理解、推断，深入分析，发现新的理论，或验证实验假设。主要工作包括作战实验数据整理、作战实验数据分析、形成作战实验结论、作战实验报告撰写等。作战实验分析阶段从作战实验数据整理开始，到完成作战实验报告撰写结束。陆军作战实验分析是对陆军作战实验的问题,即陆军作战实验的因果假设是否一致做出合理解释,以讨论会和工作组的形式,建立相关数学模型,运用回归分析、概率分析、关联分析、泛函分析等数学方法,从不同角度分析还原事实,发现、把握规律,得出数据分析结果。

(五)陆军作战实验总结阶段工作

陆军作战实验总结阶段,主要对陆军作战实验过程进行评估总结,对作战实验资料进行归档。陆军作战实验总结阶段从陆军作战实验报告撰写完毕开始,到陆军作战实验资料归档完毕结束。该阶段的主要工作包括陆军作战实验评估、陆军作战实验总结、陆军作战实验资料归档。陆军作战实验评估是对作战实验做出评价,是将陆军作战实验转化为作战能力的重要步骤,主要围绕实验成果的意义、实验中的意外发现等方面展开评估。陆军作战实验总结是对陆军作战实验过程及各方面工作进行分析总结,总结作战实验组织实施的经验教训,提炼升华相关理论,剖析作战实验组织实施过程中存在的问题,为下次作战实验组织实施明确改进方向。陆军作战实验资料归档是对陆军作战实验过程中产生的各种资料进行归档。

(六)陆军作战实验组织与保障工作

陆军作战实验组织与保障,是指围绕陆军作战实验过程所进行的组织与保障工作,是贯穿陆军作战实验全过程的重要工作,是陆军作战实验顺利进行的重要保证。陆军作战实验组织,是指成立、健全作战实验活动的组织协调机构,把各种陆军作战实验人员组织成为一个高效的整体,并根据陆军作战实验需要进行任务分配,明确分工协作,并按照作战实验计划组织实施作战实验,其工作主要包括明确作战实验定位、选择作战实验组织方法、建立作战实验组织机构、组织作战实验培训、组织实验实施等。陆军作战实验保障,是为保障陆军作战实验活动顺利实施而进行的各种保障工作,主要包括作战实验场地保障、作战实验设备保障、作战实验系统保障、通信保障等。

第四节 陆军作战实验组织实施的现状及发展

陆军作战实验从无到有,实验组织实施由少到多,实践经验不断丰富,作战实验成果日渐增多,作战实验价值日益凸显。在作战实验需求的牵引和科学技术的发展推动下,陆军作战实验组织实施不断向前发展。

一、陆军作战实验组织实施的现状

(一)美军现状

美军在作战实验方面可谓是全世界的领跑者,在作战实验规划、建设与实践领域,美军始终走在前列。美军作战实验始于1946年,美国运筹学者莫尔斯和金布尔在《运筹学方法》中首次提出:"军事行动实验,主要不是用来训练而是用来取得对军事行动数量的深刻了解。这种想法是一种新的想法,并能产生重要结果。适当地实现这个想法,可能使一个国家的军事力量在和平时期紧紧跟上新技术的发展,不至于在下一次战争开始后不得不消耗力量和浪费人力。但是,只是按一般的战术演习来处理军事行动实验是没有用的,它们必须作为有效的科学实验由经过训练的科学家进行计划和观察"。

进入20世纪90年代,随着世界新军事革命的蓬勃兴起,作战实验开始崭露头角。海湾战争后,美国陆军率先提出"作战实验室计划",并于1992年组建了美军第一批作战实验室,拉开了美军建设作战实验室的大幕,并确立了"提出理论-作战实验-实兵演练-实验检验"的部队建设和战备新模式,将作战实验室建设推向一个崭新的高度。美国陆军把全陆军几乎所有的院校和师级部队都划入了实验挂钩单位,强调"教战合一""课堂走向战场,战场走向课堂"。美军组建作战实验室的目的,是用非传统的方式实验未来战争,研究新的作战概念、作战思想,不断提高军队战斗力,服务于作战决策,并通过作战实验加速新技术在武器装备发展中的应用。美军提出"没有参加过实验的部队只会打目前的战争,通过参加实验训练出来的部队才会打未来战争。"

美国陆军司令部担负领导职责的同时,还被赋予了作战实验的管理责任,成为作战实验的管理机构。而陆军作战实验室与陆军院校、学术单位的作战实验室则构成了美国陆军作战实验的实施机构。这些管理与实施机构共同构成了美国陆军作战实验管理与实施体系,是美国陆军作战实验平稳运行的组织保证。

美国陆军先后建设了9个作战实验室:作战指挥实验室、徒步战斗空间实验室、乘车战斗空间实验室、空中机动实验室、全纵深同时攻击实验室、战斗勤务支援实验室、机动支援实验室、空间和导弹防御实验室、早期进入杀伤力与生存力实验室,并将实验新战法、探索新规律、研究新战术、论证新装备,探索提高陆军战斗力的正确思路,从而把部队改造成未来陆军作为美国陆军作战实验室的主要任务。美国陆军开展的作战实验主要有:

(1) 数字化排实验。实验内容是提供初期数字化能力、进行编制重组和验证新的战术、技术与程序,于1992年进行。

(2) 沙漠铁锤实验。实验内容是数字化部队与非数字化部队的对抗演习,是后续作战实验的基准,于1994年进行。

(3) 大西洋决心、战区导弹防御、草原武士/机动打击部队、焦点快递和武士焦点实验。实验内容是用5次作战实验成果确定未来部队编制的基础,于1995年进行。

(4) 21世纪特遣队高级作战实验。实验内容是旅、师和军三级规模的数字化作战实验,目的是在21世纪部队野战装备之前,对数字化概念、部队编制和设备进行研究,于1996—1997年进行。

(5) 新技术和新部队概念实验、目标部队实验、未来部队实验。实验内容是提高迅速、决定性的应急反应能力;实验并验证建立旅规模"打击部队"的可能性;探索"后天的陆军"可能采取的作战模式,于1998—2003年进行。

(6) 统一追求实验。统一追求(2003、2004)实验的内容是持续冲突世界中的安全问题和长期战争问题,于2003—2004年跨年度进行;统一追求(2005、2006)实验的内容是全球动荡下的长期战争问题,于2005—2006年跨年度进行;统一追求(2007、2008)实验的内容是21世纪的冲突动态和同时应对两场大规模战争问题,于2007—2008年跨年度进行。

上面列出的是美国陆军几次典型的作战实验,实际上,美国陆军每年都进行大量的作战实验活动,仅作战指挥实验室进行的作战实验就有作战指挥改进计划、交互式训练工具与作战指挥官技术、战术训练与规程、快速兵力投送实验、诸军兵种联合作战互操作能力的验证、机动打击部队的高级实验与战场可视化等实验。概括起来,自1992年成立作战实验室以来,美国陆军的作战实验大致可分为三个阶段:1997年前,主要是进行数字化部队实验;1997—2002年,主要是进行"后天"的陆军实验,包括目标部队实验和未来部队实验等;2003年以后,主要是进行以统一追求为代表的联合作战实验。

经过多年发展,美军作战实验发展已经处于一个较高的水平,主要表现在四个方面:①作战实验组织健全,美军成立了以参谋长联席会、联合部队司令部、国防部有关部门为核心力量的作战实验领导机构,在国内外建立广泛的合作机制,确立作战实验的规范化、标准化管理制度,有效地促进了美军作战实验的快速有序发展;②作战实验理论完善,美军经过长期积累,已形成以指导、设计和应用评估分析理论为主的实验理论体系,有效牵引了作战实验的顶层设计、具体开展和标准制定;③作战实验手段先进,美军先后共组建了数十个作战实验室,开发了各类作战实验系统,形成了从平台、战术到战役、战略,从军兵种到联合作战的较为完整的作战实验室体系;④作战实验成效显著,美军主要围绕武器装备运用、作战概念创新、战法论证、方案推演等常态开展作战实验,积累了丰富的实践经验,取得了显著的成效,有效地推动了美军建设和实战能力提升。

（二）我军现状

相比于美军,我军的作战实验起步相对较晚。我国最先提出并深刻论述作战实验思想的是钱学森院士。1979年他首次提出和阐述了"作战实验室"的重要思想,明确指出:"战术模拟技术,实质上提供了一个'作战实验室',在这个实验室里,利用模拟的作战环境,可以进行策略和计划的实验,可以检验策略和计划的缺陷,可以预测策略和计划的效果,可以评估武器系统的效能,可以启发新的作战思想。战术模拟技术,把系统工程的模型、模拟和最优决策方法引入到军事领域……如同对自然界实际过程的观察资料需要以科学实验资料来补充一样,作战过程的观察资料也需要以作战实验资料来补充。在模拟的可控制的作战条件下进行作战实验,能够对兵力与武器装备使用之间的复杂关系获得数量上的深刻了解。作战实验是军事科学研究方法划时代的革新。"

20世纪90年代中期,我军作战实验开始起步。经过多年建设发展,我军作战实验基础条件取得长足发展,依托院校、训练基地先后建立了多个作战实验室,初步构建了作战实验室体系。作战实验理论研究持续深入,学术界围绕作战实验相关理论问题,持续开展深入研究,出版了《作战实验》《作战实验教程》《外军作战实验与运筹分析前沿理论丛书》《陆军作战实验概论》等专（译）著,并发表大量学术论文。作战实验手段不断丰富,院校、部队、训练基地等单位相继成功研制了一系列作战实验信息系统,包括兵棋对抗实验系统、陆军部队战斗计划推演验证系统、陆军合同（联合）战斗实验系统、基地实验系统等用于作战实验。作战实验成效也日益凸显,陆军部队依托作战实验系统组织开展了许多作战实验,验证和检验了多项未来作战理论和作战能力,初步探索了作战实验的方法路子,在培养高素质新型军事人才、提高训练和教学质量上发挥了重要作用。

二、陆军作战实验组织实施的发展趋势

随着作战实验理念的更新、需求的变化、技术的发展以及要求的提高,牵引和推动陆军作战实验组织实施不断向前发展。未来陆军作战实验组织实施将朝专业化、联合化、规范化、常态化方向发展。

(一)作战实验机构专业化

陆军作战实验的专业性决定了作战实验组织实施的专业性,而且随着陆军作战实验的发展,这种专业性越来越凸显,要求也越来越高。陆军作战实验组织实施将成为一种专业实践活动,主要由专业作战实验机构负责完成。一方面,常设的作战实验机构将越来越多,作战实验组织领导体系将进一步健全完善,作战实验组织领导力将进一步加强,作战实验组织专业化水平将不断提高,对陆军作战实验建设发展运用管理各方面进行强有力的组织领导。另一方面,专职作战实验队伍的数量规模将日渐扩大,作战实验队伍内部人才结构日趋合理,作战实验队伍专业化水平将越来越高,并成为陆军作战实验尤其是实验室实验组织实施的主力军,为陆军作战实验广泛开展提供坚实的人才支撑。

(二)作战实验组织联合化

目前,陆军作战实验资源分散在陆军院校、科研机构和训练基地,重复建设、各自为政、互不共享的现象十分普遍,虽然基本满足陆军各兵种专业领域的作战实验需求,但随着作战实验任务逐渐加重,作战实验层次越来越高,作战实验内容更加丰富,单个作战实验室已经无法独立承担联合作战实验任务,需要作战实验组织实现联合化。因此,必须建立和完善联合实验组织体系,健全和完善作战实验联合制度,推动作战实验由松散协作实验逐步向多种类型作战实验室联合开展作战实验发展,不断加强各作战实验室之间的联合,把现有资源整合成一股强大的实验力量,实现优势互补,整体提升联合作战实验能力,为承担更大的作战实验任务做好组织准备。

(三)作战实验实施规范化

尽管经过多年发展,我军陆军作战实验实施的规范化程度还远远不够,没有统一权威的作战实验实施规范可供遵循,导致作战实验活动开展要么是摸着石

头过河、边实验边探索,要么是自我设计、过程组织随意,这就造成陆军作战实验实施方法各式各样,既不统一也不规范,在一定程度上影响了作战实验的质量。随着陆军作战实验重视程度的不断提高以及作战实验实践经验的不断积累,作战实验工作将逐步走向规范化,作战实验相关标准规范将逐步建立或完善,为作战实验各项工作开展提供指导和依据,将有力推动作战实验实施朝规范化方向发展,不断提高作战实验实施的规范化程度,促进陆军作战实验质量的稳步提升。

(四)作战实验应用常态化

目前,陆军作战实验应用还主要集中在院校教学和部队训练中,作战实验应用范围比较窄,作战实验应用次数比较少,作战实验应用方法比较简单,作战实验应用质量也不太高,很多时候应用作战实验就是为体现信息化手段或者需要作战实验数据支撑,甚至有时作战实验应用流于形式,存在走过场的现象。随着作战实验技术的不断发展,陆军作战实验的能力将越来越强,作战实验结果的科学性也将越来越高,陆军作战实验应用将由临时少量应用逐渐向常态化的规模应用转变,作战实验应用领域将不断拓展,作战实验应用频度将越来越高,作战实验应用模式也由插入式、嵌入式向融入式应用转变,作战实验应用深度不断加强,陆军作战实验的作用将得以充分发挥。

第二章 陆军作战实验组织实施的基础

虽然陆军作战实验的类型有多种,但无论何种类型作战实验都离不开场地、手段、人员的支撑。作战实验场地、作战实验手段和作战实验人员是陆军作战实验组织实施的三大基础,缺少了任何一项,陆军作战实验都无法组织实施。不同的陆军作战实验方法,对作战实验场地、作战实验手段、作战实验人员要求也有所不同。由于本书重点研究实验室实验组织实施,与之相对应的作战实验场地是陆军作战实验室,作战实验手段是陆军作战实验系统,作战实验人员是陆军作战实验队伍。

第一节 陆军作战实验室

陆军作战实验室是依据陆军作战实验需求建设的专业作战实验场所,主要为室内陆军作战实验的开展提供综合作战实验环境,是陆军作战实验活动的重要前提和基础。

一、陆军作战实验室的涵义

(一) 陆军作战实验室的定义

由于对陆军作战实验室目前尚未定义,而对作战实验室则有明确定义,因此,研究陆军作战实验室定义,可从作战实验室定义入手展开研究。关于什么是作战实验室,美军与我军有着不同的认识。美军对作战实验室(BattleLab)的定义:"作战实验室是计划和实施实验的专业团队。"我军在新版《军语》中对作战实验室(Battle Laboratory)进行了权威界定:"作战实验室是从事作战实验活动的专门机构或场所。"

对比美军与我军对作战实验室的定义,不难看出两者既有共同之处,又有明显的区别。两者的共同之处在于：①作战实验室的职能相同，都是服务于作战实验实践，只不过在表述上略微不同，美军将其具体表述为"计划和实施实验"，我军则将其概略表述为"从事作战实验活动"。②都强调作战实验室的专有属性，美军用了"专业"一词，我军则用的是"专门"一词。两者的区别在于：对作战实验室本质的界定不同，美军将作战实验室本质界定为"团队"，而我军将其界定为"机构或场所"。

之所以美军和我军在作战实验室本质认识上出现如此大的差异，主要是因为两军对作战实验室的定位不同。美军的作战实验室是实验室实验的主体，是一个编制单位，人员编制数量较多，例如，美军的联合作战实验室编制军官64人、文职人员72人、合同制雇员400人，而且作战实验室人员主要是作战实验各方面的人才，共同组成了一个专业作战实验团队，并以其为主体组织实施作战实验室实验。因此，美军认为作战实验室是专业团队，更加突出作战实验人才的核心地位。而我军的作战实验室多为物理场所，有的作战实验室虽然也作为一个编制机构，但编制人员数量较少，且其主要从事作战实验室场地设备管理工作，不具备组织实施作战实验的能力。因此，我军认为作战实验室主要是机构或场所，这与我军作战实验室实际相符。

无论是美军或我军对作战实验室的定义，我们认为都有所偏颇，不能完全涵盖作战实验室，尤其是随着作战实验专业化程度的不断提高，作战实验室的综合性、专业性都会明显加强，需要对现有定义进行拓展，因此，我们将作战实验室定义为：从事作战实验活动的综合性专业环境，包括专门场所、专业队伍、专用平台、专有资源等。

陆军作战实验室与作战实验室相比，只是作战实验范围有所区别。具体而言，陆军作战实验室限定在陆军作战实验范围内。因此，由作战实验室定义可以映射出陆军作战实验室的定义：从事陆军作战实验活动的综合性专业环境，包括专门场所、专业队伍、专用平台、专有资源等。

（二）相关概念的区别与联系

1. 作战实验室与仿真训练中心

作战实验室与仿真训练中心有许多相似之处：两者都是综合性专业环境，都以作战仿真为手段，以建模与仿真为工具，软、硬件环境也大致相同；两者在功能上也有所重叠，都兼具作战实验和仿真训练功能，而且有时两者的使用对象大多既是研究者，也是受训者。尽管作战实验室与仿真训练中心表面看很相似，但也不能将两者直接画等号，两者还是存在明显的区别：①两者面对的专业领域不同，作战实验室面对的专业领域是作战实验，仿真训练中心面对的专业领域是仿真训练，作战实验室用于仿真训练时，其专业程度不及仿真训练中心，同样，仿真训练中心用于作战实验时，其专业程度也不及作战实验室。②两者的服务对象不同，作战实验室主要面向作战需求，以分析评估、实验论证为主，对模型的准确度和精确要求都高于仿真训练；而仿真训练中心主要面向受训对象指挥能力和技能的培训、考核。

2. 作战实验室与技术实验室、研究实验室

技术实验室是以技术为中心的实验室，主要支持进行技术创新、技术验证、技术演示、技术应用等作战实验活动。研究实验室是以研究为中心的实验室，主要支持进行各类研究活动。与上述两类实验室不同，作战实验室以作战实验为中心，主要支持进行作战概念形成、作战理论创新、作战方案检验等作战实验活动。但由于作战实验室与技术实验室、研究实验室同属于实验室，因此，都具备实验室的必备要素，如实验场地、实验平台、实验队伍、实验资源等，只不过对各要素内容的要求不同。

二、陆军作战实验室的体系及组成

（一）陆军作战实验室体系

陆军作战实验室体系根据陆军作战研究需要、实验任务需求构建，主要包括陆军战役作战实验室、陆军作战指挥实验室、陆军合同战斗实验室、陆军情报侦察实验室、陆军步坦兵实验室、陆军炮兵实验室、陆军防空兵实验室、陆军航空兵实验室、陆军电子对抗兵实验室、陆军工程兵实验室、陆军通信兵实验室、陆军防化兵实验室、陆军后勤保障实验室、陆军装备保障实验室等。这些作战实验室既相互区别，又相互支撑，共同构成陆军作战实验室体系。

（1）陆军战役作战实验室，主要承担陆军建设理论、信息化陆军顶层设计、建设内容、建设过程、建设方法、资源投入和体制编制、人才模型以及战场建设、陆军法规、陆军训练、陆军管理等作战实验；承担陆军战役作战指挥实验、陆军作战理论验证实验、陆军战役作战方案实验以及陆军战役作战指挥训练任务。

（2）陆军作战指挥实验室，主要承担陆军作战指挥实验、陆军作战指挥训练、陆军作战指挥 C^4KISR 系统实验和陆军作战指挥理论验证实验等。

（3）陆军合同战斗实验室，主要承担陆军合同战斗理论、战法、各类武器装备在整体行动中的效能、行动方案和行动法规的论证实验。

（4）陆军步坦兵、炮兵、防空兵、航空兵、电子对抗兵、侦察兵、工程兵、通信兵、防化兵和后勤保障、装备保障实验室，主要承担本兵种（专业）分队的作战实验。

（二）陆军作战实验室组成

尽管陆军作战实验室有很多个，且不同的作战实验室，实际组成都不尽相同，但是作为作战实验室来说，要确保满足作战实验的需要，至少应具备以下组成要素。

1. 作战实验场所

陆军作战实验室除了用于陆军作战实验之外，通常还承担陆军作战实验系统研制开发、实验人员培训、实验学术交流等任务。因此，作战实验室的实验场所必须能够保障研讨论证、仿真评估、对抗推演、培训教学、系统研发、汇报演示、科研交流等活动的组织与实施。作战实验场所主要构成要素有：①研讨演示场所，包括组织综合研究实验并能保障观摩演示的研讨演示厅，进行综合研究实验的综合研讨室和专题实验的专题研讨室；②研究开发场所，包括军事系统分析和各类作战模型研制开发、数据分析集成、图形处理与多媒体制作的专用作业室和工作间；③计算机集成机房与配套设备机房，包括计算机网络、作战实验系统集成、高性能计算机与存储设备等专用机房，安全监控、电源、空调等配套机房；④科研管理场所，包括值班、保密文档管理及办公场所。

2. 作战实验平台

作战实验平台是陆军作战实验所需应用的各类软、硬件资源的综合集成平台，支持作战问题研究的作战实验论证应用环境，是支撑作战实验系统、模型等开发的技术载体。硬件设备主要包括具有较强仿真计算能力的仿真服务器、海量信息存储与应用服务器、战场环境及态势显示设备、网络语音视频会议设备、作战实验专用计算机网络设备、研讨演示和推演作业设备、实验模型与应用系统的研制开发设备、信息安全保密设备等。软件工具主要包括：提供作战实验仿真分析模型、作战实验数据与信息、作战实验论证与分析工具等特定的模型与应用软件系统，管理和控制作战实验过程的作战实验管控工具，支持作战实验模型与应用系统开发工具等。

3. 作战实验人才队伍

作战实验是一门典型的交叉学科，更强调复合型人才的培养与使用，其人才队伍既要掌握军事科学理论知识，又要精通军事运筹与系统工程等方面的知识，还要有着部队机关基层工作的阅历。主要由三支队伍组成：①作战实验研究队伍，主要包括军事需求分析人员、总体设计人员、数据分析人员、建模人员等，要求理论功底深厚、工作经历丰富，能不断改进作战实验方法，完善作战实验手段，提高作战实验效果和效益，具有较强的理论和技术创新能力。②作战实验管理队伍，主要包括组织筹划管理人员、行政管理人员和工程技术管理人员，既懂得相应的作战实验专业知识，又精通作战实验管理业务，具有较强组织指挥能力、协调沟通能力。③作战实验保障队伍，主要是作战实验技术保障人员，要求熟练掌握实验设备的结构、性能技术特点、故障规律，能快速诊断和定位故障、排除故障和恢复实验设备功能，具有较强的作战实验技术保障能力。

4. 作战实验信息资源

信息资源建设是陆军作战实验室建设的基础和关键环节，应广泛采集、合理组织和科学管理各类信息资料。信息资源建设过程中应注意把握以下几个关键环节：信息资料搜集要广泛化，资料表示要规范化，采用统一的资料交换格式，提供权威的资料源。权威资料源主要用来解决权威知识不易获得的难题以及资料的完整性和一致性的问题，通过指定权威资料源和规定权威信息资料的设计、描述和生成途径，可以为作战实验室中不同模型的开发和研制活动提供权威一致的资料。例如，美军的ADS库为建模仿真提供了500多种关于自然环境、武器系统和人的行为权威表达的资料源，主要分为作战与条令、环境、装备、经费、部队描述、人的行为因素、元资料与标准等。

5. 作战实验标准规范

作战实验标准规范是实现陆军作战实验标准化建设的基础，主要包括作战实验室建设管理规范、作战实验平台建设技术标准、作战实验运行管理规范三个方面。作战实验室建设管理规范，主要围绕作战实验室的实验场所、实验硬件、实验工程、软件工程等方面制定的标准、规章、制度及规范，为作战实验室有序、可持续发展提供依据和支持。作战实验平台建设技术标准，包括作战实验系统开发技术标准、作战实验数据标准、作战实验模型标准、集成技术标准等，为保证作战实验模型、系统间的互联、互通、互操作，实现作战实验系统的有序、可持续发展提供支持。作战实验运行管理规范，包括作战实验程序与方法、作战实验安全管理、作战实验组织与实施等保证作战实验顺利实施的管理规定、规范等。特别是要建设统一的作战实验技术标准,下大力气组织标准的制定,形成技术先进、符合需求的技术标准体系,使作战实验一开始就建立在先进的技术平台之上,为实现各层次实验室之间的互联、互通、互操作奠定扎实基础。

三、陆军作战实验室的地位作用

和平时期的陆军作战实验以实验室实验为主,陆军作战实验室是实验室实验的核心依托和支撑,在陆军作战实验室内研究"作战",人们可以用非传统方式方法对现代战争进行作战实验,获得虚拟战争实践。有人将战场称为"流血"的作战实验场,那么作战实验室就是不流血的战场。陆军作战实验室的重要地位作用主要体现在以下方面。

(一)作战创新的"孵化场"

作战创新是对作战理念、作战概念、作战理论、作战战法等方面创新的统称。要保持作战优势、夺取作战胜利就必须不断进行作战创新。但随着作战力量日渐多元、作战环境日趋复杂、作战对抗日益激烈,作战创新的难度越来越大,特别针对未来陆军作战开展的创新,单纯依靠"头脑想象"进行作战创新已不太现实。而陆军作战实验室可以根据创新者需要,虚拟出人们认知的"现实"或"超现实"情景,虚拟出想要的任何兵力和装备,为进行作战创新提供虚拟实践环境,使创新者能够有形象、直观、深刻的认识,有利于创新者探索和提出创新成果,从而加速作战创新速度,缩短作战创新周期。

(二)作战成果的"检验场"

作战成果泛指作战创新过程中形成的作战概念、作战理论、作战战法以及作战指挥过程中形成的作战方案、作战计划等成果。作战成果到底质量如何,是否科学合理,是否客观可行,需要对其进行演示和检验。通过组织实兵演习或实战来检验,将耗费大量的人力、物力和财力,时间周期较长,而且有些作战成果,比如,未来作战概念,受限于现有武器装备和战场环境,无法通过演习或实验来进行检验。而在作战实验室内对作战成果进行检验,不受作战成果的限制,所有作战成果均可检验,如果需要还可多次检验,而且费用消耗较低、资源消耗较少、检验时间较短,能够产生良好的军事效益和经济效益。

(三)作战能力的"训练场"

陆军作战实验室通常兼有组织仿真对抗训练的功能。任何一级的陆军作战实验室都能组织相应层次的仿真对抗训练。作战实验室借助计算机仿真技术、作战实验系统等手段,营造出一个作战训练所需要的"人工合成环境",使受训者在逼真的"现实环境"中进行"真实"的训练。可支持陆军各类人员训练,包括各级陆军指挥员、参谋人员、作战人员、保障人员等。可支持灵活多样的组训形式,从陆军兵种战术训练、合同战术训练到陆军战役训练,从陆军作战指挥训练到陆军战时政治工作训练和陆军后勤、装备保障训练,从要素训练到集成训练,从现地集中训练到远程异地分布网上训练,从单方推演到多方多级对抗。在作战实验室进行作战训练,能够提高训练效益,进一步增强指挥人员组织筹划作战的能力和部队打赢信息化战争的适应能力。

(四)武器装备的"实验场"

陆军作战实验室能够营造逼真的虚拟环境,对武器装备作战效能进行仿真评估,为陆军武器装备实验提供所需的环境和装备条件。可支持武器装备全过程各环节的实验,包括武器装备规划论证、需求分析、指标设计、作战运用等环节的实验。可支持各种类各型号武器装备实验,既包括战斗装备实验,也包括保障装备实验;既包括单一武器装备的独立实验,也包括多型武器装备的综合实验;既包括现役武器装备实验,也包括在研武器装备实验,还包括新概念武器装备实验。通过武器装备实验,使实验人员得到近似实战实装的评估分析数据,有力促进武器装备的科学发展、高效建设和有效运用。

四、陆军作战实验室的运用类型

陆军作战实验室依托一个有形的实验场所,在高性能计算机网络及投影会议系统支持下,建立基于作战实验基础信息数据库、模型库、算法规则库和软件工具库的庞大系统,实现作战实验功能性的协同和应用集成。陆军作战实验室运用的类型有很多,可以按照不同的分类方法进行划分。

(一)单个运用与联合运用

根据作战实验室运用数量的不同,陆军作战实验室运用可分为单个运用与联合运用。单个运用是单独运用一个陆军作战实验室开展作战实验。联合运用是运用多个陆军作战实验室共同完成作战实验任务。由于每个陆军作战实验室具有的实验能力、特长、资源等各有不同，因此，单独运用通常适用于单个作战实验室能独立完成陆军作战实验任务的情况。如果陆军作战实验任务单个作战实验室无法完成，或者作战实验系统开发任务单个作战实验室无法完成，则需联合运用多个作战实验室，充分发挥各实验室的特长，进行联合开发、联合实验、各尽其能、优势互补，圆满完成开发和作战实验任务，实现预期目标。

（二）内部运用与开放运用

根据作战实验室运用人员的不同，陆军作战实验室运用可分为内部运用与开放运用。内部运用是指陆军作战实验室内部人员对实验室的运用。开放运用是非实验室内部人员对陆军作战实验室的运用。由于狭隘的思想观念、封闭的实验室网络等原因，以前陆军作战实验室运用主要以内部运用为主，制约了作战实验效益的发挥。但随着人们思想观念的转变以及信息技术的发展，开放运用逐渐成为陆军作战实验室运用的主要方式。陆军作战实验室除供实验室内部人员正常使用外，还灵活采取全时开放、定时开放、预约开放、网上开放等方式，为学员自主学习研究以及院校和部队开展作战实验提供支持。通过开放运用，能够实现数据、模型、算法等资源的共享，互通有无、节约人力、物力、财力，避免低层次重复建设，提高资源利用率。

（三）教学训练运用与科研创新运用

根据作战实验室运用领域的不同，陆军作战实验室运用可分为教学训练运用与科研创新运用。教学训练运用是指作战实验室在教学训练活动中的运用，主要包括院校教学活动运用和部队训练活动运用等。陆军作战实验室在院校教学活动中的运用主要有作战实验理论教学、作战实验系统技能教学、基于作战实验的想定教学、基于作战实验的演习演练等。陆军作战实验室在部队训练活动中的运用主要有作战方案计划验证、作战行动推演、作战能力检验等。科研创新运用是指陆军作战实验室在科研创新活动中的运用，主要有作战实验系统开发、作战理论创新实验、作战战法实验、作战条令实验、武器装备发展论证、武器装备设计实验、武器装备运用实验等。

（四）要素运用与综合运用

根据作战实验室运用内容的不同，陆军作战实验室运用可分为要素运用与综合运用。要素运用是对陆军作战实验室单个要素的运用。根据运用要素的不同，要素运用分为作战实验场地运用、作战实验设备运用、作战实验平台运用、作战实验资源运用、作战实验标准运用、作战实验规范运用、作战实验制度运用等。要素运用并不常见，只是偶尔会用到，比如，进行某个科研项目研究，只运用了陆军作战实验室的部分实验数据作为研究支撑。绝大多数时候陆军作战实验室运用都是综合运用，需要用到多个或全部的实验室要素，比如，运用陆军作战实验室组织一次大型作战实验，就要用到作战实验场地、作战实验设备、作战实验平台、作战实验资源、作战实验规范等要素。

第二节 陆军作战实验系统

陆军作战实验系统是采用建模与仿真技术、分布交互技术、信息网络技术等开发的，用于支撑陆军作战实验活动开展的信息系统。组织实施陆军作战实验，尤其是模拟仿真、对抗推演等形式的陆军作战实验，都离不开陆军作战实验系统的支持，作战实验系统是陆军作战实验活动的主要手段支撑。

一、陆军作战实验系统的分类

陆军作战实验系统的分类方法有多种。按照不同的分类方法，可将实验系统分为不同的类别。

（一）按实验层次分类

按照作战实验层次，陆军作战实验系统可分为陆军战役作战实验系统、陆军合同战斗实验系统、陆军兵种战斗实验系统、陆军分队战斗实验系统、陆军武器装备实验系统等。

（1）陆军战役作战实验系统是对陆军战役相关问题进行作战实验的信息系统，主要用于支持开展各种形式的陆军战役作战实验。陆军战役作战实验系统针对的作战实验级别以陆军集团军、陆军集团军群为主。陆军战役作战实验系统还可按照战役分类进一步细分为机动进攻战役作战实验系统、阵地进攻战役作战实验系统、城市进攻战役作战实验系统、边境地区反击战役作战实验系统、机动防御战役作战实验系统、阵地防御战役作战实验系统、城市防御战役作战实验系统、抗登陆战役作战实验系统、反空降战役作战实验系统、登陆战役作战实验系统、特种战战役作战实验系统等。

（2）陆军合同战斗实验系统是对陆军合同战斗相关问题进行作战实验的信息系统，主要用于支撑开展各种形式的陆军合同战斗实验。陆军合同战斗实验系统主要针对合成师、旅、团级实验。按照陆军合同战斗的样式，陆军合同战斗实验系统可进一步细分为阵地进攻战斗实验系统、边境地区进攻战斗实验系统、山地进攻战斗实验系统、城市进攻战斗实验系统、反空降战斗实验系统、特种战斗实验系统、近岸岛屿进攻战斗实验系统、机降战斗实验系统、阵地防御战斗实验系统、边境地区防御战斗实验系统、山地防御战斗实验系统、城市防御战斗实验系统等。

（3）陆军兵种战斗实验系统是针对陆军各兵种开发的作战实验系统，主要用于支撑开展各种形式的陆军兵种战斗实验。陆军兵种战斗实验系统主要针对陆军兵种旅、团级实验。其主要包括陆军步兵战斗实验系统、陆军坦克兵战斗实验系统、陆军炮兵战斗实验系统、陆军防空兵战斗实验系统、陆军航空兵战斗实验系统、陆军电子对抗兵实验系统、陆军工程兵实验系统、陆军通信兵实验系统、陆军防化兵实验系统、陆军侦察兵战斗实验系统和陆军特种兵战斗实验系统等。

（4）陆军分队战斗实验系统是对陆军分队战斗相关问题进行作战实验的信息系统，主要用于支撑开展各种形式的陆军分队战斗实验。陆军分队战斗实验系统主要针对陆军营、连、排、班级别的实验。按照陆军分队的种类，陆军分队战斗实验系统可进一步细分为陆军步兵分队战斗实验系统、陆军坦克分队战斗实验系统、陆军炮兵分队战斗实验系统、陆军防空分队战斗实验系统、陆军侦察分队战斗实验系统、陆军电子对抗分队战斗实验系统、陆军航空兵分队战斗实验系统、陆军工程兵分队战斗实验系统、陆军通信分队战斗实验系统、陆军防化分队战斗实验系统等。

（5）陆军武器装备实验系统是对陆军武器装备相关问题进行作战实验的信息系统，主要用于支撑各种形式的陆军武器装备实验。陆军武器装备实验系统针对各种层级的武器装备实验。按照陆军武器装备不同，陆军武器装备实验系统可进一步细分为陆军武器装备综合运用实验系统、陆军战斗装备实验系统、陆军战斗保障装备实验系统、陆军后勤装备实验系统和陆军装备保障实验系统。

陆军战斗保障装备实验系统主要包括陆军侦察保障装备实验系统、陆军工程保障装备实验系统、陆军通信保障装备实验系统、陆军防化保障装备实验系统、陆军气象保障装备实验系统、陆军测地保障装备实验系统等。陆军后勤保障装备实验系统主要包括陆军物资保障装备实验系统、陆军运输保障装备实验系统、陆军卫勤保障装备实验系统等。陆军装备保障实验系统主要包括陆军维修保障装备实验系统、陆军弹药保障装备实验系统、陆军油料保障装备实验系统等。

（二）按系统原理分类

按照系统原理不同，陆军作战实验系统可分为模型解析实验系统、模拟仿真实验系统和对抗推演实验系统三大类。

（1）模型解析实验系统是基于模型解析原理构建的实验系统，主要用于支撑开展陆军相关的各种模型解析实验。模型解析实验系统内置一个或多个与陆军作战相关的计算模型，作战实验时通常使用单个模型，通过输入模型参数、运用模型计算结果来研究陆军作战问题，从而达到作战实验的目的。模型解析实验系统既可支持手工模型解析，又可支持自动模型解析。所谓手工模型解析，是由实验人员手工输入模型参数后，利用系统计算得到结果，如有多组模型参数，需要逐一输入逐一计算结果，然后通过观察多组计算结果来寻找想要的作战实验结果，发现其中规律。所谓自动模型解析，是由作战实验人员一次性输入多组模型参数并设置作战实验结果显示或筛选规则，系统自动完成多组计算，并按照设定的规则对作战实验结果进行显示或筛选。

模拟仿真实验系统是基于模拟仿真原理构建的实验系统，主要用于支撑开展陆军相关的各种模拟仿真实验。模拟仿真实验系统以各类模型数据为后台支撑，采取建模仿真技术实现陆军作战有关要素的模拟仿真，包括战场环境模拟仿真、陆军作战力量模拟仿真、陆军武器装备模拟仿真、陆军作战指挥模拟仿真、陆军作战行动模拟仿真、陆军作战保障行动模拟仿真、陆军后勤装备保障行动模拟仿真以及作战目标模拟仿真、作战过程模拟仿真、作战结果模拟仿真等。

（3）对抗推演实验系统是基于对抗推演原理构建的作战实验系统，主要用于支撑开展陆军相关的各种对抗推演实验。由于对抗推演实验系统主要采取兵棋推演方式，因此，对抗推演系统有时也称为兵棋推演系统。尽管对抗推演实验系统本质上是模拟仿真，但之所以将其单独作为一类，主要由于其特有的对抗属性以及推演方式。根据推演双方的不同，对抗推演实验系统又分为人人对抗推演实验系统、人机对抗推演实验系统和自动对抗推演实验系统。人人对抗推演实验系统是指作战实验的双方均由人全程参与，支持双方按照各自行动方案进行模拟对抗推演的实验系统。人机对抗推演实验系统是指作战实验的一方由人全程参与，另一方则由计算机充当，能够支持按照系统提供的作战条件和己方的作战行动方案进行模拟对抗推演的实验系统。自动对抗推演实验系统，是由实验人员事先将双方的行动方案输入系统，由自动决策模型驱动并控制全程模拟对抗推演的实验系统。

（三）按系统用途分类

按照系统用途不同，陆军作战实验系统可分为陆军发展规划实验系统、陆军作战理论实验系统、陆军作战战法实验系统、陆军作战条令实验系统、陆军作战方案实验系统、陆军武器装备实验系统等。

需要说明的是，上述实验系统的分类，主要是从理论角度对陆军作战实验系统进行划分的。但实际并没有这么多的陆军作战实验系统，由于作战实验系统之间有一定的共通性，因此，很多作战实验系统在建设过程中都进行了合并、整合。

二、陆军作战实验系统的组成与功能

不同的陆军作战实验系统，其组成和功能都不尽相同。但总体上说，作为陆军作战实验系统，通常具有如下基本组成和主要功能。

（一）作战实验管理分系统

作战实验管理分系统主要用于管理陆军作战实验所需的各种基础数据和应用数据。基础数据主要包括：部队级别、人员装备种类数量等部队编制数据；武器装备的战术、技术性能数据；地形环境、电磁环境、气象水文环境、社会人文环境等战场环境数据；军队标号数据、作战标准数据等。应用数据主要包括实验课题数据、实验想定数据、实验指标数据、实验标准数据、实验模型数据、作战方案数据、作战计划数据、行动指令数据、情况报告数据、战损战果数据等。对各种数据的管理主要体现在数据的新增、复制、删除、修改、导入、导出等。

（二）作战实验设置分系统

作战实验设置分系统主要用于设置陆军作战实验条件数据，包括作战实背景条件设置、作战实验环境条件设置、作战实验初始条件设置等子系统。作战实验背景条件设置子系统的主要功能是设置作战实验的背景条件,包括实验课题、双方兵力编成、作战时间等。作战实验环境条件设置子系统的主要功能是设置作战实验的环境条件,包括作战地区的范围以及能够对陆军作战产生影响的自然地理、水文气象条件和电磁环境。作战实验初始条件设置子系统的主要功能是设置作战实验的初始条件,包括双方兵力初始位置、兵力初始实力、兵力初始状态、实验初始阶段等,能够支持作战实验人员对作战实验条件设置情况进行检查以及对已设置条件进行修改。

(三) 态势显示分系统

态势显示分系统主要用于显示战场综合态势。能够以作战时间和天文时间显示当前的战场态势时间。能够显示作战力量、作战目标、行动过程、行动结果等,其中,作战力量和作战目标通常以军标、棋子、象形符号等方式进行显示,通过信息牌、信息栏、弹窗等方式显示名称、位置、状态、实力等信息;行动过程通常以作战力量位置移动、符号变化、炸点闪烁、作战力量与目标之间连线等方式显示行动信息;行动结果主要以作战力量实力变化、作战力量符号消失、作战目标实力变化、作战目标符号消失等方式显示。既能静态显示作战实验前的初始战场态势,也能在作战实验过程中动态显示战场态势变化,还能将作战底图和战场实时态势叠加显示。能够进行分方显示,各方显示本方态势及侦察获取到的对方态势。能够根据需要对态势进行分层显示、过滤显示等个性化显示。能够对全过程或某一时间段的战场态势进行保存、回放。

(四) 方案(行动)输入分系统

方案(行动)输入分系统主要用于输入所要实验的陆军作战方案、行动计划、行动指令等数据。作战方案主要输入作战目的、作战方向、作战目标、作战编组、作战配置、作战任务、作战分界线等内容。行动计划主要输入总体行动计划、分支行动计划、战斗保障行动计划和后装保障行动计划,其中,分支行动计划包括对地火力打击行动计划、防空行动计划、侦察行动计划、电子对抗行动计划、心理战行动计划、后方防卫行动计划等;战斗保障行动计划包括工程保障行动计划、防化保障行动计划、通信保障行动计划;后装保障行动计划包括后勤保障行动计划、装备保障行动计划等。行动指令输入主要是给实体下达行动指令,既要能支持输入计划的行动指令,又要能支持输入临机的行动指令。行动指令输入能够提供常用行动指令清单和指令内容模板，支持按需选择行动指令和依指令模板快捷输入，支持对指令输入内容的完整性进行检查。

（五）作战模拟分系统

作战模拟分系统主要用于模拟战场环境、作战力量、作战目标、指挥过程、作战行动、保障行动等，为评估分析分系统提供模拟结果数据。战场环境模拟主要模拟战场地形环境、战场气象环境、战场电磁环境、战场设施设备等，营造近似实战的虚拟战场环境。作战力量模拟主要对陆军各种级别作战力量进行模拟，既包括作战力量，也包括保障力量。作战目标模拟包括地面固定目标模拟、地面机动目标模拟、空中机动目标模拟等。指挥过程模拟主要模拟战场情况掌握、作战力量编组、指挥辅助决策、指挥指令下达等。作战行动模拟主要对步坦兵进攻、步坦兵防御、炮位侦察雷达侦察、炮兵间瞄射击、炮兵直瞄射击、陆航火力突击、陆航空中运输、对空侦察、对空掩护、通信对抗侦察、通信干扰、雷达对抗侦察、雷达干扰等行动进行模拟。保障行动模拟包括作战保障行动模拟和后装保障行动模拟。作战保障行动模拟主要对地面侦察、空中侦察、无线电通信、有线通信、工程侦察、开辟通路、机动工程保障、设置障碍物、构工伪装、洗消行动、发烟行动等进行模拟。后装保障行动模拟主要对加油站开设、油料运送、伤员救治、伤员后送、给养保障、被装保障、野营物资保障、弹药储备、弹药补充、装备战场抢修、战损装备后送、修理所修理等行动进行模拟。

（六）情况报告分系统

情况报告分系统主要用于报告作战过程中的各种情况，包括部队基本情况报告、部队指挥情况报告、部队行动情况报告、部队保障情况报告。部队基本情况报告主要包括部队实力情况报告、部队位置信息报告、部队状态情况报告、部队物资消耗情况报告、部队弹药消耗情况报告、部队战损情况报告、部队战果情况报告等。部队指挥情况报告包括部队指挥关系报告、部队指挥指令下达情况报告、部队指挥指令执行情况报告等。部队行动情况报告主要包括部队行动指令接收情况报告、部队行动开始情况报告、部队行动过程情况报告、部队行动结束情况报告。部队保障情况报告主要包括部队保障关系报告、部队补给申请情况报告、部队物资补给情况报告、部队弹药补给情况报告等。

情况报告分为自动报告和手动报告两种方式。自动报告是按照预先设置的报告规则、报告内容、报告频率、报告时间等，由系统自动进行情况报告。自动报告是模拟下级指挥员主动向上级指挥员报告有关情况。手动报告是根据指挥员的报告要求,将相应内容以手动方式进行情况报告。手动报告是模拟在作战过程中指挥员为掌握有关情况,对相关力量下达情况报告指令,相关力量收到指令后将有关情况报告指挥员。

（七）战况统计分系统

战况统计分系统主要用于统计交战双方的战损情况和战果情况。战损情况主要包括人员伤亡情况、主战装备损毁情况、弹药物资油料消耗情况等。战果情况主要包括歼灭对方人员数量、毁伤对方装甲车辆数量、毁伤对方飞机数量、毁伤对方火炮数量、毁伤对方导弹系统数量、毁伤对方电子战装备数量等。能够支持按方统计、按编成统计和按时间统计,按方统计是区分对抗双方分别进行战况统计,按编成统计是按照作战编成树中选中一个或多个作战编组进行战况统计,按时间统计是按照作战时间对作战全程或某一设定时间段内的战况进行统计。能够将统计结果以表格、柱状图、饼状图等多种形式形象展示。

（八）评估分析分系统

评估分析分系统主要用于利用模拟结果评估分析陆军作战方案、作战计划或作战行动的效果,支持作战实验人员查找问题、研究规律。能够基于作战实验需求对评估指标和评估模型进行个性选择。能够依据选择的评估模型和评估指标,调用作战模拟分系统产生的模拟过程和结果数据,自动评估分析作战方案的优劣以及作战计划、作战行动的效能和效果。能够以指标树、指标弹窗、图形、表格、文字等形式显示评估分析结果,并能以指示灯显示结果达标情况;能够对评估分析结果进行分类或排序。能够对多个作战方案的评估分析结果进行对比显示和分析;能够支持制作和导入实验报告模板,能够支持选择实验报告模板,并依据评估分析结果自动生成实验报告。

三、陆军作战实验系统的作用

陆军作战实验系统可在陆军作战理论创新、陆军战法验证、陆军作战指挥决策、陆军武器装备建设运用、陆军想定作业教学等领域广泛应用,发挥非常重要的作用。

（一）促进陆军作战理论创新和战法验证

一方面，可在陆军作战实验系统营造的虚拟作战环境中进行理论和战法创新，有利于在相对较短的时间内提出质量较高的作战理论和战法，缩短创新周期。另一方面，可根据作战理论和战法研究的成果，设置相应的实验条件，验证设计理论和战法的效果，使创新的理论和战法建立在相对客观的基础之上，真正发挥理论和战法验证的"试验床"的作用。美军提出的"目标中心战""空地一体战"等理论和战法都出自美军的作战实验室。

（二）增强陆军作战指挥决策的科学性

在作战筹划阶段，运用陆军作战实验系统，能够在虚拟作战环境中预演战斗过程，预判和评估作战方案、作战计划的科学性和可行性，发现方案计划的缺陷和不足，为修改完善作战方案计划提供决策支持。在战斗实施阶段，运用陆军作战实验系统，可对处置行动进行模拟推演，验证处置行动的合理性和有效性，为科学分析战场态势、合理定下处置决心提供依据。在战争中，运用作战实验系统辅助决策的经典案例当属美军创造的"4天计划"或称为"100个小时"的作战案例。

（三）支撑陆军武器装备建设与运用研究

在陆军武器装备需求论证方面，运用陆军作战实验系统对现行陆军武器装备体系作战效能进行实验，可以发现装备体系建设中的薄弱环节，提出建设发展陆军武器装备的需求。在陆军武器装备方案设计方面，可将新概念武器装备或新研武器装备，列入相应的作战体系之中进行实验，检验其作战效能，发现武器装备的作战能力缺陷，也可直接建立相应武器装备的实验平台，验证武器装备的设计方案。在陆军武器装备作战运用方面，运用实验系统论证陆军各种武器装备的战斗部署和行动方法，并对其作战效能进行定量分析和评价，从而为创新武器装备运用方法、最大限度地发挥武器装备性能作战效能提供定量化的数据支持。

（四）改革想定作业教学模式

运用陆军作战实验系统组织想定作业教学，教员可预先构设数据化的想定情况，并针对学员作业方案进行多案的比较分析、模拟推演和验证评估，使想定作业条件由粗放式作业条件向精细化作业条件转变,想定作业模式由传统的单方作业模式向实战化模拟对抗模式转变,想定作业评判由定性裁决评估向量化裁决评估转变,有效提高了想定教学的信息化水平,有力提升了想定作业的教学效果。此外,陆军作战实验系统为学员提供了近似实战的作业环境,对于增强学员对实战环境的适应性,提高实战环境下的作战指挥能力具有十分重要的作用。

四、陆军作战实验系统的运用方法

运用陆军作战实验系统进行陆军作战实验的方法灵活多样,主要包括以下几种。

(一)综合实验与要素实验

综合实验是全面设置实验条件和输入敌我双方的作战方案计划,进行战斗的综合模拟实验和评估分析。综合实验具有要素全面、过程完整、动态运行等特征。要素(专项)实验,是仅设置与某一要素相关的实验条件,输入某一作战要素的部署和行动方案,进行该要素的模拟实验和评估分析,如防空兵战法实验。要素实验具有要素单一、过程完整、动态运行等特征。

(二)全程实验与片段实验

全程实验是指对战斗全过程进行连续实验,需要全面设置战斗条件,输入完整战斗方案计划,分别进行战斗部署方案静态实验和完整的战斗行动效果动态实验。在进行战斗行动实验时,由战斗开始推演到战斗结束,尔后进行评估分析。片段实验是指以某个作战阶段或环节为对象进行的作战实验。在进行作战行动实验时,首先建立某个阶段的初始态势,然后驱动相关模型进行计算并输出行动结果态势,反复调整初始态势和影响因素,得到各种条件下的结果数据,对结果数据处理之后得到某个片段实验结果。

(三)单方实验与对抗实验

单方实验是由实验人员设置双方的实验条件和己方实验方案进行实验。对抗实验由对立双方的实验人员实施,双方实验人员利用方案输入分系统输入己方作战方案,然后通过对双方方案的模拟实验做出评估分析。

（四）全面实验与局部实验

全面实验是实验人员在全面实验后，全面调整实验方案再进行模拟推演和评估分析。局部试验是实验人员在全面实验后，仅调整某一局部的行动方案，再次进行模拟推演和评估分析，以便观察某一具体行动的实验效果。

（五）正向实验与反向实验

正向实验是在实验条件不变的情况下，反复调整实验方案进行模拟实验和评估分析。反向实验是在实验方案不变的情况下，反复调整实验条件进行模拟实验和评估分析。

第三节 陆军作战实验队伍

陆军作战实验是一项专业性较强的实践活动，需要一大批各种类型的高素质实验人才组成的实验队伍，以确保作战实验能够顺利开展，各类作战实验任务能够高效完成。陆军作战实验队伍是陆军作战实验的主体，是陆军作战实验中最积极、最能动的因素，对陆军作战实验成败具有决定性影响。

一、陆军作战实验队伍的组成

陆军作战实验队伍主要包括作战实验研究队伍、作战实验开发队伍、作战实验保障队伍和作战实验管理队伍。

（一）作战实验研究队伍

陆军作战实验研究队伍是一个理论功底深厚、专业基础雄厚、工作经验丰富、具有较高学术研究水平和良好综合素质的实验研究人才群体。作战实验研究人员大致有以下类型：①作战研究人员，分析研究军事需求、作战规则、作战运用等问题；②运筹分析人员，研究作战实验中如何运用军事运筹知识；③实验研究人员，研究如何进行实验设计、实验数据分析等。

（二）作战实验开发队伍

陆军作战实验开发队伍是一个能迅速理解军事需求、具有扎实数学功底、熟练运用编程语言开发软件系统和工具的人才群体。实验开发人员大致有以下类型：①建模人员，对所要分析的问题建立模型；②系统开发人员，设计和开发软件系统和功能模块；③校验测试人员，对模型、数据、软件进行测试和评估；④集成人员，对各种资源进行有效集成。

（三）作战实验保障队伍

陆军作战实验保障队伍是一支相对稳定、素质较高、精通理论和实际操作的技能型作战实验保障人才群体。实验保障人员大致有以下类型：①负责作战实验系统软件、数据等技术保障的人员；②负责场所、音响、投影等设施设备服务保障的人员；③负责提供网络、通信、计算机维护、信息安全等各类技术性支持的人员；④负责多媒体制作、知识技能培训等事务性工作的人员；⑤负责从事资金、资料、信息等各类资源保障的人员。

（四）作战实验管理队伍

陆军作战实验管理队伍是一支规模适当、质量高、结构合理、专业多样、经验丰富的管理人才群体。实验管理人员大致有以下类型：①从事实验日常事务性工作管理的人员；②复杂技术开发、技术攻关、技术创新等方面的工程技术管理人员；③负责组织协调多方力量筹划组织实验活动、开展实验应用方面的管理人员；④负责工程质量检查和验收的管理人员。

二、陆军作战实验队伍的作用

陆军作战实验队伍对于陆军作战实验来说是不可或缺的，在陆军作战实验活动中具有非常重要的作用，而且作用涵盖陆军作战实验活动的方方面面。概括起来，陆军作战实验队伍作用主要体现在以下四个方面。

（一）创新作战实验理论

陆军作战实验队伍是创新陆军作战实验理论的主体力量。陆军作战实验队伍根据作战实验需求、立足作战实验现状、结合作战实验实践、着眼作战实验发展，围绕作战实验的前沿理论、基础理论、应用理论和技术理论展开研究，追踪发展前沿，厘清模糊认识，界定有关概念，创新理念方法，探索最新技术，填补理论空白，破解理论难题，前瞻作战实验未来发展，不断丰富和完善陆军作战实验理论体系,指导陆军作战实验不断向前发展。

(二)建设作战实验条件

建设作战实验条件是陆军作战实验队伍义不容辞的职责。作战实验条件建设涉及面广、工作繁多,陆军作战实验队伍在条件建设过程中,主要参与或承担作战实验条件建设需求分析、作战实验环境论证设计、作战实验条件建设指导与检查验收、作战实验设备采购、作战实验系统研发、作战实验指标模型构建、作战实验标准规范拟制、作战实验制度机制建立、作战实验数据建设等任务,不断建设和完善作战实验条件,为陆军作战实验活动提供有力的条件支撑。

(三)开展作战实验活动

陆军作战实验队伍是陆军作战实验活动的主力军。陆军作战实验队伍在陆军作战实验活动中扮演领导者、实施者、评估者、保障者的多重身份,负责陆军作战实验的规划设计、组织领导、筹划计划、动员培训、前期准备、具体实施、过程管控、协调处理、综合保障、数据采集、结果分析、结论形成、报告撰写、评估总结、资料归档等工作,确保陆军作战实验活动组织实施顺利高效,完成预定实验任务,达到预期实验目的,发挥陆军作战实验应有的作用。

(四)管理作战实验资源

随着陆军作战实验的深入开展,陆军作战实验资源不断丰富完善,管好用好实验资源显得尤为重要。管理作战实验资源,是陆军作战实验队伍的重要职责之一,也是一项重要工作。陆军作战实验队伍主要承担作战实验方案、作战实验计划、作战实验想定、作战实验指标、作战实验模型、作战实验数据、作战实验结果、作战实验报告、作战实验记录、作战实验总结等各种陆军作战实验资源的管理任务,负责陆军作战实验资源的收集、整理、分类、归档、检索、更新、共享等,使陆军作战实验资源的管理全面科学、正规有序。

三、陆军作战实验队伍的培养

陆军作战实验队伍是陆军作战实验活动诸要素中具有主观能动性的要素。作战实验队伍的素质和能力,直接影响陆军作战实验组织领导水平,直接影响陆军作战实验组织实施效率,直接影响陆军作战实验各项保障效率。因此,必须采取切实可行的措施,提高作战实验队伍的素质和能力,充分调动作战实验队伍的积极性和创造性,不断提升陆军作战实验整体水平。

（一）强化理论学习,打牢实验理论基础

实验组织者应全面学习研究与陆军作战实验组织相关的应用理论,主要包括作战实验组织机构的设置、作战实验组织的方法、流程、作战实验活动协调等理论。实验实施者应重点加强学习与陆军作战实验实施相关的应用理论,主要包括作战实验课题选择、作战实验进程控制、作战实验数据采集、作战实验结果分析等理论。实验保障者重点学习作战实验保障需求分析、作战实验保障力量运用、作战实验保障方法等理论。

（二）加强人才培养,锻造过硬实验队伍

要拓宽实验人才培养途径,一方面,要在陆军院校学历教育和研究生教育中增设陆军作战实验专业(方向),培养陆军作战实验专业人才。另一方面,要依托陆军院校的各类陆军作战实验室或合同战术训练基地的实验中心,建立专门的作战实验队伍培养基地,加大科研经费投入,采取专题培训、以工代训等方式,加大作战实验组织人才、作战实验设计人才、作战实验保障人才等方面人才的培养力度,优化作战实验队伍的人才结构。切实把作战实验队伍中人才的引进、培养、选拔和保留机制落到实处,建立健全管理机制,完善人才保留制度。积极营造尊重、爱护人才的良好氛围,鼓励作战实验队伍中优秀人才脱颖而出,努力培养中青年骨干,提升陆军作战实验队伍的整体水平。

（三）积极参与实践,促进能力素质提升

通过各种作战实验实践活动提升作战实验队伍能力素质是作战实验队伍培养的重要途径。应充分发挥陆军院校、科研机构、决策咨询机构优势,在陆军作战、训练、教学、科研实践中,全面开展陆军作战实验实践活动,在作战实验实践中使作战实验人才不断加深对作战实验的认识,不断积累作战实验实践经验,能够培塑作战实验人才素质,提升作战实验人才队伍各项能力。

第三章　陆军作战实验组织实施原则与要求

陆军作战实验组织实施是一项复杂的实践活动,只有遵循一定的原则要求,才能确保陆军作战实验组织实施顺利有序进行,达到预期实验目的。

第一节　陆军作战实验组织实施的基本原则

陆军作战实验组织实施的原则,是组织实施陆军作战实验所依据的基本准则,主要为陆军作战实验组织实施提供宏观指导。一般来说,陆军作战实验组织实施应遵循以下五条基本原则。

一、目的性原则

目的性原则是陆军作战实验组织实施的首要原则,是指陆军作战实验组织实施应坚持目的牵引,把达成作战实验目的作为追求目标,紧紧围绕作战实验目的来筹划设计、组织开展陆军作战实验,以是否达成作战实验目的作为陆军作战实验组织实施活动成败的检验标准。

任何陆军作战实验活动,都有各自的实验目的。而作战实验目的的达成需要依赖诸多环节,实验组织实施环节便是其中最为重要的环节之一,在一定意义上可以说是作战实验活动成败的关键环节。因此,陆军作战实验组织实施,首先,所有实验人员必须弄清作战实验的目的是什么,如不考虑作战实验目的盲目组织实施作战实验,就可能会偏离作战实验方向,无法达成预期的作战实验效果,甚至造成作战实验的失败。其次,要把作战实验目的落实到陆军作战实验组织实施过程。整个作战实验过程中所有实验人员都应牢记作战实验目的,把达成作战实验目的作为共同追求和最终目标,据此来选择作战实验方法、设计作战实验方案、控制作战实验进程、分析作战实验数据等,使陆军作战实验组织实施的各项工作都围绕作战实验目的而展开,为达成作战实验目的而服务。最后,要用作战实验目的来检验陆军作战实验组织实施活动成败。如通过陆军作战实验组织实施,完成了预定的作战实验任务,达成了预期的作战实验目的,则基本上可以说组织实施是成功的。反之,如果作战实验组织实施后,未达成或部分达成作战实验目的,则意味着作战实验组织实施的失败或不够成功。

二、整体性原则

整体性原则是将陆军作战实验组织实施视作一个整体,从整体上来考虑和把握陆军作战实验组织实施,实施统一组织领导,宏观调控实验进程,使陆军作战实验组织实施中人员职责分工明确、相互协同配合,各项工作有条不紊、前后衔接、有序进行。

整体性原则是由陆军作战实验实施活动参与人员多、环节复杂的特点所决定的。一方面,陆军作战实验组织实施活动经常需要较多的人参与完成,其中,既有作战实验组织人员,又有作战实验实施人员,既有作战实验保障人员,还有作战实验评估人员,很多时候作战实验人员来自多个不同的单位,这些人员组合到一起,要想不打乱仗、形成合力,就必须从整体上进行组织领导,建立职责清晰、分工明确的作战实验组织机构。另一方面,陆军作战实验组织实施活动比较复杂,其由多个环节组成,包括作战实验筹划环节、作战实验准备环节、作战实验实施环节、作战实验分析环节、作战实验总结环节等。这些环节都是前后关联、环环相扣,前一环节成果是后一环节开始的基础,任何一个环节出现问题都会影响下一环节工作的展开。比如,在作战实验准备环节,准备的作战实验系统存在问题,使得作战实验实施环节运用实验系统进行实验时不停地暂停实验解决系统问题,这就会严重影响作战实验的进程和效率;再比如,实验数据环节收集的作战实验数据不全面、不准确,就会影响实验分析环节对作战实验数据的科学准确分析。因此,陆军作战实验组织实施活动要从整体上进行统筹展开,加强过程控制,使各个环节各项工作能够相互关照,无缝衔接,使陆军作战实验组织实施活动连贯顺利展开。

三、客观性原则

客观性原则是指陆军作战实验组织实施应立足客观实际,充分考虑现实客观条件制约,在作战实验过程中力求客观真实,作战实验环境应尽可能贴近实际作战环境,作战实验方案应符合部队作战实际,客观采集作战实验数据,客观评价作战实验过程,最终使陆军作战实验结果较为客观,令人信服。

客观性原则,一方面是由陆军作战实验实际所决定的。很多时候,陆军作战实验会面临诸多客观条件的制约,如实验场地有限、实验时间有限、实验人员有限、实验手段有限等,这些制约会直接作用于陆军作战实验组织实施,影响作战实验规模确定、作战实验方式选择、作战实验过程设计等方面。因此,陆军作战实验组织实施必须在搞清客观条件的基础上进行筹划和展开。另一方面,陆军作战实验的科学性特点,也决定了陆军作战实验组织实施要追求科学性。陆军作战实验是一种科学实验,科学实验的最基本要求就是客观真实,这也是作战实验的价值所在。正是由于作战实验结果的客观性,才使得通过作战实验研究作战问题成为可能,否则陆军作战实验就失去了意义,甚至没有了存在价值。陆军作战实验组织实施追求客观,可通过以下环节实现:一是作战实验环境构建。这里的作战实验环境指的是作战实验所构设的虚拟作战环境,作战实验环境要根据实际作战环境构设,尽可能贴近实战。二是作战实验内容设计。陆军作战实验的内容大都与陆军作战紧密关联,因此,作战实验内容设计应符合陆军作战实际,包括兵力编成、武器装备、作战部署、作战运用等。三是作战实验手段选择。在选择作战实验手段尤其是仿真实验手段时,要高度重视其科学性、客观性的考察,特别是实验指标、实验模型的客观性要重点考察,选用客观性好的实验手段。四是作战实验数据采集。作战实验过程中采集作战实验数据,尤其是人工采集时,要做到客观采集。五是作战实验过程评估。对陆军作战实验组织实施过程的评估要坚持以定量评估为主,定性评估和定量评估相结合,尽量用数据说话,提高评估结论的客观性。

四、高效性原则

高效性原则是指陆军作战实验组织实施过程要注重实验效率,把快速高效完成作为努力方向,通过科学计划安排、周密细致准备、精心组织实施等各种措施,尽可能地提高陆军作战实验组织实施的效率,力争在较短的时间内完成作战实验任务,达成作战实验目的。

高效性是任何实践活动的共同追求,陆军作战实验组织实施作为一种特殊的实践活动,也不例外。对于陆军作战实验组织实施来说,能够顺利完成是一般要求,能够高效完成则是更高要求。高效的陆军作战实验组织实施,能够使作战实验过程非常紧凑、各项作战实验工作井井有条,能够大大加快作战实验速度,大幅缩短作战实验的时间。高效性说易行难，必须在深刻把握陆军作战实验组织实施特点规律的基础上，抓住主要环节，多管齐下、多措并举，才有可能实现高效完成。总体上来说，高效性实现，一靠科学计划安排，二靠周密细致准备，三靠精心组织实施。这三方面缺一不可，计划安排不科学，就会使陆军作战实验组织实施过程不够紧凑或存在工作冲突；准备工作不细致，就会给陆军作战实验组织实施留下各种问题隐患，使整个过程磕磕绊绊、问题频出；组织实施不精心，就会使陆军作战实验组织实施过程拖沓扯皮或陷入忙乱，顺利实施都很难保证，更不用说高效完成。高效是一个相对概念，只有两相比较，才会发现哪个更高效，也正因如此，追求高效没有终点，通过持续不断努力，可以使陆军作战实验组织实施越来越高效。充分吸收借鉴已有陆军作战实验组织实施的实践经验，也能有助于提高作战实验组织实施效率。虽然每次陆军作战实验可能都有不同之处，但实际上，每次陆军作战实验组织实施有许多共同之处，因此，以往陆军作战实验组织实施的实践经验，尤其是一些好的经验做法和一些问题的高效处理，具有较高的参考和借鉴价值，可以有助于准确把握作战实验过程中易出问题环节，并针对性采取预防措施或做好预案，做到出现问题快速响应、快速恢复。

五、经济性原则

经济性原则是指陆军作战实验组织实施活动应兼顾考虑经济成本，在确保完成作战实验任务的前提下，优先选择实验消耗较小的作战实验方式，充分利用已有作战实验资源，调动发挥作战实验团队中各方优势，尽可能地减少物力、财力的消耗，努力提高陆军作战实验组织实施活动的效费比。

陆军作战实验组织实施是一项需要人力、物力、财力才能完成的实践活动，活动过程中会使用一定的人力资源，会消耗一定的物力、财力。大多时候，陆军作战实验组织实施可供使用的人力、物力、财力都是有限的，因此，需要从经济角度进行考虑，既要确保在有限的条件下完成作战实验任务，又要注重节约实验资源消耗。经济性原则的落实可从以下方面入手：①精选作战实验人员。陆军作战实验组织实施应尽量选择实验技能熟练、实验经验丰富的人员作为作战实验人员，并科学测算所需作战实验人员数量，以此为依据确定实际需要的作战实验人员数量，要避免用"拍脑袋"方式来确定实验人员数量，因为这样可能会造成实际实验人员数量多于所需数量，浪费人力资源。②优选作战实验方式。陆军作战实验有多种实验方式，实验组织实施方式也有多种，各种作战实验方式对资源的消耗各不相同。在选择作战实验方式时,应在考虑作战实验需要的前提下,优先选择实验消耗较小的作战实验方式。例如,某次陆军作战实验,采用仿真实验或实兵实验方式都能满足需要,但由于仿真实验的实验消耗要远远低于实兵实验的实验消耗,则应选择仿真实验方式。③充分利用现有实验资源。陆军作战实验组织实施如有现成的实验资源可利用,应充分利用现有实验资源,依托或在其基础上进行拓展,尽量避免从头开始,这样既会浪费大量的时间和精力,也会造成实验资源的浪费。例如,采取仿真实验方式进行陆军作战实验时,如有现成的仿真实验系统可满足需要,就不应再新建一个仿真实验系统,因为新建系统与利用已有系统相比,将耗费更多的人力、财力。④科学控制实验进程。陆军作战实验组织实施过程中,应加强对作战实验的控制,根据作战实验需要灵活调整实验节奏,从而一定程度上缩减作战实验时间,减少作战实验消耗。如需多次重复实验应科学确定实验次数,避免出现重复次数不合理所造成的实验资源浪费。

第二节 陆军作战实验组织实施的主要要求

陆军作战实验组织实施涉及人员广、过程比较复杂、工作内容繁多、影响因素多样。为确保陆军作战实验组织实施科学高效完成,在实验组织实施过程中,应注意把握以下五项要求。

一、周密计划,细致准备

俗话说:"凡事预则立,不预则废。"陆军作战实验组织实施更是如此。陆军作战实验组织实施是一项复杂的系统工程,尤其是一些规模较大、层次较高、内容较多的陆军作战实验活动,持续时间较长、涉及单位较广、参与人员众多、极易出现意外情况。因此,在陆军作战实验组织实施前,必须对组织实施过程进行预先考虑和计划安排,制订科学可行的陆军作战实验方案计划,包括作战实验准备计划、作战实验实施计划和作战实验保障计划等,将作战实验的众多方面、全过程有机协调。作战实验方案计划,是规范作战实验活动的指导性文件,也是进行作战实验的重要依据。为保证作战实验的顺利进行,制订计划时,必须充分考虑客观实际,对陆军作战实验组织实施的全过程、各方面进行周密计划,用计划来约束和指导各方面的活动,并针对作战实验中可能出现的意外情况制订相应预案,计划既要周密细致,又要统而不死,要为实验人员根据实际情况进行灵活实验留下足够的空间,在某些内容上要有备案。

作战实验准备能否按时完成、准备质量如何,事关陆军作战实验能否按时顺利进行。因此,在陆军作战实验实施前,应充分细致进行作战实验准备,根据作战实验类型,合理选择实验场地、合理设置席位,逐一安装调试软、硬件设备,确保设备运行正常,尤其作战实验所需数据的准备一定要细、准、全,要完整准确地录入编制装备、武器性能、各种作战资料、地形数据等;合理设置实验的敌情和我情条件时,不能遗漏设置要素。作战实验准备过程中,陆军作战实验组织领导机构要加强检查指导,及时协调解决准备过程中出现的各种问题,确保各项作战实验准备工作全部按计划、按时到位。

二、精心组织,科学实施

尽管陆军作战实验有时以个人实验或小组实验的方式进行,但在大多时候需要多个单位、许多人来协作完成,在这种情况下,如何使所有作战实验参与人员都能充分发挥各自的作用,科学地组织显得尤为重要。为了有效地实施陆军作战实验,在实施前必须建立一个具有较高水平的、精干的组织机构。要按照作战实验任务的特点,合理确定需要人员数量和人员类型,使得人员搭配合理,任务区分合理,做到人人责权分明、人尽其才,避免人浮于事,浪费人力、物力。在陆军实施过程中,陆军作战实验组织机构应按照职责分工,充分发挥主观能动性,积极配合,相互协调,推动作战实验有序进行。

陆军作战实验是一个庞大的系统工程,涉及编制体制、武器装备、教育训练、作战任务调整等诸多大的方面,必须依据其本质特点和规律,严格按照规范的程序进行,科学、有效地实施。实验人员要以实验计划为主要依据,严格按照实验计划规定的内容、方法、时间和要求,逐项内容进行作战实验,尽量减少人为干预,使作战实验按照计划向前推进。实施过程中要突出主要环节、主要内容,注重强调部队在作战实验中的主导作用。同时,对每一步推演,都要进行翔实记录。当发现作战实验偏离方向时,实验人员应及时把作战实验拉回到成功的轨道。此外,为保证陆军作战实验的顺利实施,应当制定系列、标准化的制度,如陆军作战实验项目管理办法、陆军作战实验技术标准、陆军作战实验协同方法、陆军作战实验成果验收方法、陆军作战实验评估标准等。

三、密切监控,灵活控制

陆军作战实验组织实施较为复杂,涉及诸多理论和技术内容,环节多、工作难度大、情况多变。因此,陆军作战实验的过程监控尤为重要。一是实施过程的监控。除按照正常实施程序进行严格管理外,重点要抓好实施过程中的动态管理。陆军作战实验过程中,情况瞬息万变,并且由于环境的变化、缺少预见或对环境条件意识不足,有时还要对作战实验进行实时修正,因此,必须密切跟踪作战实验进程,及时发现和解决问题。二是技术过程的监控。陆军作战实验在某种程度上讲是一种技术实验,正因为其技术含量高,所以作战实验过程中的技术管理显得特别重要。陆军作战实验从开始之时,就要把技术管理提高到一个重要高度,组成强大的技术班子,保证实施过程中技术条件、实验系统和技术保障的有序进行。

陆军作战实验组织实施能否顺利进行,并且在较短时间内达到预期的目的或主观期望,作战实验进程的控制显得非常关键。因此,在陆军作战实验实施过程中,应对作战实验过程进行有效控制,使作战实验活动能够按照实验计划安排有序进行下去,排除作战实验过程中各种偶然、次要因素的干扰,在最短的时间内,将需要研究和认识的某种现象或联系以比较纯粹的形态呈现出来。一是要灵活控制作战实验节奏。实验人员应根据陆军作战实验的实际需要,利用作战实验系统的演习控制和管理功能,依据作战实验内容的重要程度,灵活控制作战实验节奏,对于实验重点内容或片段,应适当放慢作战实验节奏,采取小步长模拟,以便有效地观察、沟通和指导,根据需要可重复多次实验,使实验结果趋于一致,确保作战实验活动的高质量。对于一般性问题,则可适当加快作战实验节奏,采取大步长加速模拟的方式,以提高作战实验的时效性。二是要合理选择实验次数。依据作战实验数据获取的需求,选择合理的实验次数,既要消除作战实验过程中诸如时间、气候、季节、设备(系统)、操作方法、操作者等偶然因素对作战实验结果的影响,又不至于过多地增加实验工作量和延长实验的时间。三是要及时处置突发情况。实验领导小组应对作战实验过程进行密切监视,全面掌握实验人员完成作战实验任务的情况,及时发现实验人员在作战实验过程中存在的问题,一旦出现意外情况,可适情启动相应预案。

四、足量采集,综合分析

陆军作战实验组织实施能否得到有价值的作战实验结果,高度依赖于实验数据的采集及分析活动。因此,要立足于作战实验分析需要,采集足够多的作战实验数据。采集数据和信息是作战实验的有效组成部分,在陆军作战实验实施过程中,应按照数据采集和分析计划采集作战实验数据。采集实验数据既要全程跟踪、全面采集,保证有足够数量的数据,又要分段实施、重点采集,保证数据合理、聚集。陆军作战实验系统大多提供了自动采集功能,可以自动记录部分过程数据,如每个步长的态势以及指挥员下达的指令等。

为提高作战实验数据分析的效率,确保分析结果的有效性和可靠性,在进行作战实验数据分析时,应注重从整体与局部、表象与内在、连贯与片段、联合与合同、兵种与要素等多个维度进行分析,综合运用数理统计法、回归分析法等各种分析方法,采取人工分析和自动分析相结合的分析手段,通过比较不同作战实验条件及相同作战实验条件下实验数据的差别,寻找陆军作战力量运用的规律及运用各因素之间的相互关系,并从领域知识的角度发掘数据中隐含的军事意义,从战役战术运用原则的高度对作战力量运用进行评价和说明,从而对作战力量运用的利弊得失得出符合客观实际的评估结论,评估结论应简明、准确、直观,便于军事研究和实践人员方便、准确地理解和使用。

五、客观评估,认真总结

陆军作战实验实施完毕后,有时需要对陆军作战实验组织实施情况进行评价与估量,以检验陆军作战实验组织实施的质量,发现存在的问题,指出努力的方向,促进水平的提高。陆军作战实验评估要做到科学客观,应注意把握以下环节:①评估人员要专业。评估人员应是陆军作战实验领域的专家,具有扎实的陆军作战实验理论功底和丰富的陆军作战实验实践经验。为确保评估客观,评估人员应尽量避免从被评估单位中选取,如条件允许,应选择多名评估人员组成评估小组。②评估内容要全面。评估前应制订详细的作战实验评估计划,明确评估的主要内容,评估要覆盖全面,既要对陆军作战实验组织实施过程进行评估,又要对陆军作战实验结果进行评估。③评估方法要科学。采取定性评估与定量评估相结合,以定量评估为主的评估方法。能定量评估的内容应采取定量评估,坚持用数据说话,使实验评估更加客观,更加准确。对于无法进行定量评估只能进行定性评估的内容,评估人员应确定统一的评估标准,以确保评估标准相对统一。

实验总结是陆军作战实验组织实施的重要一环,对于总结陆军作战实验经验教训，促进作战实验水平提高具有非常重要的意义，因此，要切实搞好陆军作战实验总结，使实验总结的作用能够充分发挥。首先，要从思想上高度重视陆军作战实验总结，纠正作战实验总结是实验领导机构、少数实验人员的事的片面认识，纠正作战实验总结就是写个总结材料、发个言走个过场就完事的狭隘观念，深刻认识作战实验总结的重要意义和作用，充分认清要所有人员都应成为作战实验总结的参与者，搞好作战实验总结离不开所有实验人员的参与和努力。其次，要扎实组织陆军作战实验总结，事先制订详尽具体的作战实验总结工作计划，明确作战实验总结的内容、时间、方法、要求及工作分工，并按照计划组织实施，注意调动所有实验人员参与的积极性，结合各自角色和所承担的作战实验任务，深入、细致、全面地进行分析总结。最后，要抓好陆军作战实验报告撰写。作战实验报告不仅是陆军作战实验组织实施最重要的成果，还是作战实验经验交流的主要载体。要撰写一份高质量的陆军作战实验报告，必须坚持认真严谨的态度，充分发挥集体智慧协作完成，并注意作战实验内容的全面翔实，作战实验结论的简明扼要，力求做到作战实验报告客观真实。

第四章 陆军作战实验组织

陆军作战实验组织工作贯穿于整个作战实验过程,对陆军作战实验的成功完成起着十分重要的作用。陆军作战实验组织的主要内容包括明确陆军作战实验定位、选择陆军作战实验组织方法、建立陆军作战实验组织机构和组织陆军作战实验培训等。

第一节 明确陆军作战实验定位

陆军作战实验组织应首先明确此次作战实验的定位。陆军作战实验定位是从实验目的、实验层次、实验方法、实验内容等方面,对具体某次陆军作战实验进行明确定位。陆军作战实验定位的不同,将对作战实验组织方法选择、作战实验组织设置、作战实验过程组织等产生影响。

一、明确陆军作战实验目的

明确陆军作战实验目的,是针对所要开展的陆军作战实验,明确陆军作战实验所要达到的目的。总的来说,陆军作战实验活动的目的可分为探索发现、检验验证和演示预演三大类。

(1) 探索发现主要是探索新的认识,发现新的现象,揭示新的特点,创立新的概念。以探索发现为目的的陆军作战实验,称为探索发现实验,简称发现实验。发现实验,需要提供新的系统、组织机构、概念、技术或其他要素,作战实验人员通过使用、观察和分类所发现的结果,来激发创新性观念,就是所谓的"发现"。

(2) 检验验证主要是对已有的作战理论、作战条令、作战战法、作战方案、作战计划等进行检验验证。以检验验证为目的的陆军作战实验,称为检验验证实验,简称验证实验。验证实验如同医学的临床实验,主要针对已有经验、设想或预测,通过分析、检验、证实,形成科学的评估结论。检验验证实验既可以验证某种作战思想,也可以验证战法及其过程;既可以检验作战方案,还可以验证作战条令。

(3)演示预演主要是演示预演在作战实践中如何运用新思想、新战法、新装备、新技术。以演示预演为目的的陆军作战实验,称为演示预演实验,简称演示实验。演示实验如同教学实验,主要针对已有的科学方法、结论或新概念、新技术等,通过已知事实进行再现或对新概念、新技术进行演示,实现复现、介绍、推广等目的,如向军事人员、研究人员汇报演示某防空系统拦截巡航导弹的实验过程和结果。

二、明确陆军作战实验层次

明确陆军作战实验层次是针对所要开展的陆军作战实验,明确其属于哪个层次的作战实验。陆军作战实验的层次主要分为陆军兵种实验、陆军军种实验等。

陆军兵种实验是由陆军单一兵种组织实施的作战实验,主要研究陆军兵种的战法运用、陆军部队编制构成、陆军武器装备等问题,以及具体的兵种装备、编制和战斗运用问题。陆军兵种实验兵力单一,往往在军种内进行,构建数学模型容易,实验结果也容易分析,便于组织开展。按照兵种不同,陆军兵种实验又可细分为陆军航空兵实验、陆军炮兵实验、陆军防空兵实验、陆军电子对抗兵实验、陆军工程兵实验、陆军通信兵实验、陆军防化兵实验等。

陆军军种实验是由陆军组织实施的实验,主要研究陆军作战理论、陆军作战方案计划、陆军兵种编成、陆军作战条令编修等问题。陆军军种实验往往在陆军多个兵种间展开,无论是实验模型构建,还是实验结果分析都相对复杂,组织难度相对较大。陆军军种实验还可进一步细分,按照实验级别,可分为集团军群级实验、陆军集团军级实验、师级实验、旅级实验、团级实验、营级实验等;按照作战层次,可分为陆军战役实验、陆军合同战斗实验、陆军分队战斗实验等。

无论是陆军兵种实验,还是陆军军种实验,每一个层级每一个类别作战实验中都包含陆军武器装备实验,所不同的是陆军兵种实验针对的是单一陆军兵种的武器装备,既可以是该兵种的某型武器装备,也可以是该兵种的多型武器装备;而陆军军种实验主要针对多个陆军兵种的武器装备,属于陆军武器装备综合运用,并且随着实验级别的增加,武器装备的数量和种类会明显增多。

三、明确陆军作战实验对象

明确陆军作战实验对象是针对所要开展的陆军作战实验,明确作战实验所要分析解决的问题。理论上,所有陆军作战相关问题都可成为陆军作战实验对象,但实际上,有些陆军作战问题不适合或没有必要进行作战实验,如陆军各级指挥员的指挥艺术问题则很难进行作战实验。因此,一般来说,要成为陆军作战实验的对象,需要具备如下特征:①作用重要。由于陆军作战方方面面的问题浩如烟海,根本没有可能把所有问题都作为作战实验对象,所以只能将那些地位作用重要的内容作为作战实验对象,运用作战实验手段研究解决。②能够量化。近代科学方法的创立者罗吉尔·培根指出:"实验是科学之母。"作战实验作为一种科学研究陆军作战问题的方法,其科学性主要体现在对陆军作战问题的定量分析,因此,要求陆军作战问题必须能够进行量化,否则将无法进行作战实验。

陆军作战实验的对象主要包括以下方面。

(1) 陆军发展规划。在陆军发展规划方面,陆军作战实验主要用于论证陆军发展规划。通过陆军作战实验,可及时对陆军力量建设所涉及的体制编制调整、陆军军兵种力量优化、陆军武器装备发展等重大问题进行探索、试验和调整,按照科学的流程进行充分地论证评估,做好规划,防止"拍脑袋决策"的做法。

(2) 陆军作战理论。在陆军作战理论方面,陆军作战实验主要用于探索创新、检验验证陆军作战理论。陆军作战实验作为一种富有革命性的军事问题研究方法,是陆军作战理论创新的一把"金钥匙"。相对于逻辑推理、案例分析等其他方法,陆军作战实验可以使理论创新更具有系统性和综合性。在逼真的作战实验环境中,人们可以对原有陆军作战理论的适用性、可操作性进行检验,剔除不适应现代条件下的陆军作战理论,提出和检验新的陆军作战理论,确定陆军作战理论的有效性和完整性,并进行演示和交流。

(3) 陆军作战战法。在陆军作战战法方面,陆军作战实验主要用于评估和设计作战战法。通过陆军作战实验,可对战法进行多个层面的分析,找出该战法的有效使用条件,预测战法运用的可能效果,比较各种战法的优劣,从而对战法存在的利与弊做出评估,避免在战法实际运用中导致重大损失和失败。

(4) 陆军作战条令。由于陆军作战实验所具有的直观、快捷、经济、适用等特点,使其可以用于验证完善作战条令。较训练、演习等方式,陆军作战实验耗费少、节约资源;较归纳、推理等方式,陆军作战实验则更为直观、形象,并能进行量化分析。在作战实验中,可以把陆军作战条令所规定的一些抽象原则,如指导思想、基本原则、基本要求等具体化到作战实验想定设置、作战实验方案设计等环节,并进行灵活调整,分析不同条件下、不同处置时所产生的实验结果;也可以把陆军训练、演习和理论研究所得的新认识纳入作战实验中,对陆军作战条令进行重新评价;还可以把未来一段时期理论、技术、装备、组织结构等可能的发展纳入到作战实验中,对现有陆军作战条令的适用性进行考察,提前修订和设计满足未来需要的陆军作战条令。

(5) 陆军作战方案计划。作战方案,亦称作战预案,是参谋部根据首长决心拟制的对作战进程和战法的设想。通常包括情况判断结论,上级企图和本部队任务,友邻任务及作战分界线,各部队的编成、配置和任务,作战阶段划分,各阶段情况预想及处置方案,保障措施、指挥的组织等。作战计划,是陆军各部队为遂行作战任务而进行作战准备和作战实施的计划,包括行动计划和保障计划。作战行动计划是陆军部队组织实施作战行动的总的计划,是作战计划的核心,包括作战行动总体计划、作战协同计划和火力、防空、信息战斗、后方防卫等分支计划;保障计划是陆军部队组织实施保障行动的计划,包括作战保障、后勤保障、装备保障等计划。在陆军作战方案计划方面,陆军作战实验主要用于辅助作战方案制定和评估优选作战方案。一方面,在筹划准备阶段,指挥员和指挥机关面临一系列需要通过定量分析回答的问题,特别是主要方向和关键环节作战行动的选择,需要借助计算机仿真实验手段,得出较为客观、可信的结果作为参考。另一方面,运用计算机仿真实验手段,可以在考虑方案计划完成任务的可能性、指挥协同是否简便、方案的适用性、风险的大小等诸多因素的情况下,检验作战方案的科学性和可行性,评估作战方案的优劣。

(6) 陆军武器装备。陆军武器装备是陆军用以实施和保障军事行动的武器、武器系统和军事技术器材的统称,是陆军实施军事行动的物质基础和技术支撑。陆军武器装备种类复杂,自成体系,可以按陆军兵种分类,也可以按武器装备性质分类。按陆军兵种分类时,可分为步兵武器装备、炮兵武器装备、坦克兵武器装备、防空兵武器装备、陆军航空兵武器装备、电子对抗兵武器装备、工程兵武器装备、通信兵武器装备、防化兵武器装备、侦察兵武器装备和特种兵武器装备等。按照武器装备性质分类时,总体上可分为战斗(主战)装备和保障装备两大类。战斗装备是指主要遂行战斗任务的装备,包括坦克、火炮、火箭炮、导弹、直升机、枪械、各种战斗车辆和电子战装备等。保障装备是指遂行各种保障任务的装备和技术器材,依据保障任务的不同,分为战斗保障装备、后勤保障装备和装备保障装备等。战斗保障装备,又分为侦察保障装备、工程保障装备、通信保障装备、防化保障装备、气象保障装备、测地保障装备等。后勤保障装备,分为物资保障装备、运输保障装备、卫勤保障装备等。装备保障装备分为维修保障装备、弹药保障装备、油料保障装备等。在陆军武器装备实验方面,陆军作战实验主要用于实验陆军新武器装备作战运用理论,对陆军武器装备的新原理、新技术和新概念进行先期演示,检验新研制或改进武器装备的作战效能,评估未来战争陆军武器装备作战运用理论和模式。

四、明确陆军作战实验手段

作战实验手段,是进行陆军作战实验所采取的具体手段。明确陆军作战实验手段,是针对所要开展的陆军作战实验,明确其使用何种手段进行作战实验。面对不同的作战实验课题、不同的陆军作战实验,采用的作战实验手段可能不同,有的针对同一实验内容采用多种不同的作战实验手段,有的在作战实验过程不同阶段采用不同的作战实验手段。作战实验需要根据具体的作战实验课题和作战实验目的,选择适当的作战实验手段,以获得理想的作战实验结果。不同的研究目的,不同的研究对象,不同的作战实验条件,不同的作战实验内容,甚至是不同的作战实验分析人员,都可能采用不同的作战实验手段。常用的陆军作战实验手段,主要有模型解析手段、模拟仿真手段、对抗推演手段和综合研讨手段等。

(1)模型解析手段是一种以数学模型为核心处理自变量和因变量之间关系的手段,通常以对客观事物的高度抽象,形成数学上的函数表达式。模型解析手段的关键在于建立数学模型。对于具体问题来说,人们经常抱怨某某问题数学模型错误等,其实,数学建模是对客观事物的抽象,抽象程度不同,数学模型也不同,因此,对于具体的实际问题,数学模型没有正确和错误之分,只有好用与不好用之分。当人们对客观事物的认识具有确定性时,用模型解析法比较方便。在复杂的作战环境中,模型解析往往忽略了一些需要的因素,所以,要使用模型解析必须近似处理。模型解析手段和模拟仿真手段都是解决问题的手段,具体使用哪一种方法,在于对具体问题的理解,根据具体问题而定。

(2)模拟仿真手段是指利用物理或数学的手段,模仿作战过程,观测相关作战变量变化规律,以评估与优化对策方案。在这种方法中,实验人员通过改变决策变量,观察模拟的作战过程,分析作战变量变化引起的作战效果的变化,以评估分析决策变量同作战效果之间的关系,达到对作战方案与作战能力评估、分析与优化的目的。根据模拟作战变量定量化程度的不同,模拟仿真可分为定性仿真分析和定量仿真分析。定性仿真分析主要追求作战过程在感观上的相似,而不刻意追求在数学上的相似,如作战概念演示、沙盘作业、图上作业等。而定量仿真分析则不同,它主要追求作战过程中相关变量的变化规律在数学上的相似性和可测量性,同时也追求作战过程在感观上的相似,如计算机作战模拟等。模拟仿真手段突出的是通过模拟仿真的分析,主要用于计算作战行动结果、评估部队作战能力、评估作战方案与计划、分析作战兵力需求、选择装备作战运用方法、演示作战概念等。

（3）对抗推演手段是指利用作战模拟手段,作战双方或多方决策者"在回路中"对作战方案和作战行动进行模拟推演,以评估与优化对策方案。在这种方法中,作战实验人员依据作战想定,通过制定对抗决策、展现对抗过程、模拟并评估对抗效果,展开博弈分析,达到对作战方案评估与作战能力分析的目的。根据参与对抗推演的人员不同,对抗推演可以分为"人—人"对抗推演和"人—机"对抗推演。"人—人"对抗推演,是指对抗双方或多方的决策者均在回路中,双方的决策均由人来作出的对抗推演。"人—机"对抗推演是指对抗双方中只有一方的决策者在回路中,其决策由人作出；而另一方的决策者不在回路中,其决策是由计算机按预先输入的作战规则来作出的对抗推演。根据对抗推演信息是否透明,对抗推演又可分为面对面对抗推演与背靠背对抗推演。对抗推演方法突出的是对抗博弈分析,主要用于推演对抗双方或多方可能的对策,评估在对抗条件下作战方案与计划执行的可能结果,分析在对抗条件下部队作战能力等。

（4）综合研讨手段是指利用综合研讨集成研讨厅的方式,作战实验分析人员展开定性与定量相结合的综合分析,以评估与优化对策方案。这种手段,军事专家利用综合集成研讨厅提供的各种定性分析、定量分析和综合研讨工具,对军事问题展开综合研讨分析,达到不断深化对所研究问题的认识、优化解决问题的方案、提出供决策者参考的意见和建议的目的。综合研讨手段突出的是综合研讨分析,可支持陆军作战实验分析人员集体对特定问题进行研究,引发专家的思维碰撞或争论,综合集成专家的各种意见,达到优化决策方案的目的,因而可用于陆军作战实验室中论证各类军事问题。

第二节　选择陆军作战实验组织方法

陆军作战实验组织方法，是指陆军作战实验组织所采取的形式方法。选择不同的作战实验组织方法，会对作战实验的组织活动产生不同的影响。陆军作战实验的组织方法有多种，按照不同的分类方法，可将其分为不同的类别。按照作战实验组织单位的不同，可分为作战实验单独组织与联合组织；按照作战实验组织方式的不同，可分为作战实验专门组织与嵌入组织；按照作战实验组织过程的不同，可分为作战实验分段组织与连贯组织；按照作战实验组织场地的不同，可分为作战实验集中组织与分布组织。

一、陆军作战实验单独组织与联合组织

陆军作战实验单独组织是指由一个单位独自组织陆军作战实验。按照组织单位类型的不同，陆军作战实验单独组织又分为陆军院校单独组织、陆军部队单独组织、陆军基地单独组织、陆军科研机构单独组织等。由于单独组织只涉及一个单位，因此，在作战实验组织协调方面较为简单，但陆军作战实验单独组织对实验组织单位的要求比较高，实验组织单位不仅要有作战实验所需的硬件条件，还要有作战实验所需的软件条件；不仅要有高素质的作战实验组织队伍，还要有能力强的作战实验保障队伍；不仅能够对作战实验进行规划设计，还能对作战实验活动进行动态调控。

陆军作战实验联合组织是指由多个单位联合组织陆军作战实验。按照联合单位的不同，联合组织又分为两方联合组织、三方联合组织、四方联合组织等。两方联合组织包括陆军院校与陆军部队联合组织、陆军院校与陆军基地联合组织、陆军院校与陆军科研机构联合组织、陆军部队与陆军基地联合组织、陆军部队与陆军科研机构联合组织、陆军基地与陆军科研机构联合组织等。三方联合组织有陆军院校基地部队联合组织、陆军院校基地科研机构联合组织、陆军基地部队科研机构联合组织等。四方联合组织主要是陆军院校基地部队科研机构联合组织。相比于作战实验单独组织，作战实验联合组织涉及多个单位，因此，陆军作战实验联合组织的难度要远大于单独组织，协调也相对复杂。作战实验联合组织的优势在于可以充分发挥各单位的优势，共享实验资源，确保陆军作战实

验的效果。

二、陆军作战实验专门组织与嵌入组织

陆军作战实验专门组织是将陆军作战实验作为一个专门的活动独立进行组织，是一种较为常见的作战实验组织方式，主要在陆军作战实验独立进行时使用，如为了验证陆军战法创新成果单独进行作战实验活动，就需要进行专门组织。陆军作战实验专门组织时，实验的独立性较强，实验课题、实验方法、实验时间、实验地点等可根据需要进行选择，实验进程控制也比较灵活，但作战实验专门组织时，需要成立独立的作战实验组织机构，作战实验保障等需要单独组织，作战实验资源消耗较大。

陆军作战实验嵌入组织是将陆军作战实验嵌入到演习训练等活动中进行组织。嵌入组织时，既可能将陆军作战实验作为演习训练活动中一个相对独立的环节，也可能将陆军作战实验作为演习训练活动的一个方面，与演习训练活动的其他方面并行组织。嵌入组织时，陆军作战实验活动会受到演习训练活动的影响和制约，需在演习训练指挥机构统一指挥下进行，实验课题需要根据演习训练课题设置，且实验时间、实验地点限定在指定的地点和特定时间。但是，采取嵌入组织时，陆军作战实验活动可共用演习训练活动的保障资源，无须单独进行保障，可在一定程度上节约实验资源。

三、陆军作战实验分段组织与连贯组织

陆军作战实验分段组织是将陆军作战实验活动区分为若干个阶段或若干环节，逐段或逐环节组织进行实验。作战实验分段组织时，需要先将陆军作战实验活动划分为多个阶段或环节，尔后根据其特点采取相应的作战实验方法。一般来说，作战实验分段组织时，各个阶段或环节采取的作战实验方法都不尽相同。比如进行战法创新时，对战法创新效果进行实验验证，可分两个阶段进行，第一个阶段是战法创新模拟仿真实验，即在作战实验室内利用模拟仿真手段来验证战法创新的可行性和科学性，发现战法创新成果存在的不足，对其进行完善。第二阶段实验，则采用实兵演习手段来验证战法创新的最终效果。陆军作战实验分段组织时，通常实验活动会持续较长的时间，耗费较大的人力、物力资源，并且随着作战实验方法的多样化应用，作战实验组织的复杂程度会大大增加。

陆军作战实验连贯组织是指陆军作战实验活动从开始直到结束连续不间断

进行,是一种比较常见的作战实验组织方法,通常在陆军作战实验活动不太复杂,且作战实验内容所用的方法基本相同时使用。比如,在网上模拟演习过程中进行的作战方案实验,一般都采取连贯组织的方式,作战实验人员按照作战实验任务逐一对实验内容进行实验,最终得出作战实验结果。作战实验连贯组织与分段组织相比,实验组织相对简单,实验机构、实验人员和实验方法相对不变,人力、物力资源耗费也相对较低。

四、陆军作战实验集中组织与分布组织

陆军作战实验集中组织是陆军作战实验组织力量集中在一个地方进行组织,是较为常用的一种组织方法,通常在所有作战实验人员在一个实验场地进行陆军作战实验的情况下使用。陆军作战实验集中组织时,实验人员同处一地,便于相互间沟通协调,发现问题能够及时处理,作战实验组织力量的集中也便于对作战实验进行集中组织领导。因此,作战实验集中组织,无论从作战实验准备的工作量来说,还是从作战实验实施的难度来说都相对较小。作战实验集中组织还有利于缩减作战实验人员,降低作战实验资源消耗。

陆军作战实验分布组织是陆军作战实验组织力量分布在多个地方进行组织。分布组织方式通常在陆军作战实验人员分布在多个作战实验场地、依托通信网络联网进行作战实验的情况下使用。陆军作战实验分布组织时,每个场所都要有作战实验组织人员、作战实验实施人员、作战实验保障人员等,因此,需要的作战实验人员规模大于集中组织时的作战实验人员规模。作战实验分布组织与集中组织相比,一方面,作战实验组织难度增大。为了便于组织协调,每个陆军作战实验场所都要有作战实验组织人员,这些作战实验组织人员如何按照统一计划组织实施,使作战实验朝着预定实验方向前进,需要克服很多困难。另一方面,作战实验保障难度增大。因为分布组织陆军作战实验意味着作战实验节点的增多,而作战实验节点的增多会使作战实验过程中更容易出现问题,且一旦出现问题,原因查找相对复杂。

第三节 建立陆军作战实验组织机构

陆军作战实验组织实施,一般来说都需要建立实验组织机构,来负责作战实

验过程的组织领导、协调控制与作战实验保障等,以确保作战实验顺利实施。陆军作战实验组织机构建立应以满足陆军作战实验任务需要为主要依据,力求结构合理、机构精干、关系顺畅。通常设置作战实验领导小组、作战实验实施小组和作战实验保障小组,必要时设置作战实验评估小组。各小组人员编成应依据作战实验的规模、方式和方法灵活确定。

一、陆军作战实验领导小组

陆军作战实验领导小组是对陆军作战实验进行全程、全面领导的机构,其主要职责:拟制作战实验实施方案,制定相关作战实验标准,撰写作战实验想定,组织作战实验系统培训,控制实施作战实验过程,进行实验数据采集分析,评估作战实验效果。

陆军作战实验领导小组通常由组长、副组长和组员组成。组长是陆军作战实验的总设计师和最高首长,负责陆军作战实验的全盘工作,有权决定陆军作战实验的一切事宜,通常由作战实验理论基础扎实、作战实验实践经验丰富、组织能力较强的陆军机关领导、部队主官、院校教授担任;其主要职责:根据作战实验目的确定作战实验课题、内容、时间、方法;确定作战实验单位和作战实验规模;组织小组成员学习作战实验相关理论,选择确定作战实验场所;审定作战实验方案、作战实验规定;组织领导作战实验机构完成作战实验的一切准备工作;领导作战实验实施,协调作战实验各机构的工作;全面掌握作战实验情况,进行作战实验总结等。根据作战实验需要,可设副组长,作为组长的助手,协助组长工作。当进行"人不在环"作战实验时,一般设一名副组长,全面负责红、蓝双方作战实验工作。当进行"人不在环"作战实验时,可设两名副组长,分别负责红方、蓝方的作战实验工作,主要职责:协助组长工作,完成组长赋予的各项任务。组员是直接负责组织、协调陆军作战实验的人员,通常由陆军院校、部队、基地、科研机构有关人员组成,主要负责陆军作战实验的具体筹划和组织领导。

二、陆军作战实验实施小组

陆军作战实验实施小组是具体负责陆军作战实验实施的机构,其主要职责:提交作战方案,作战实验过程的组织与实施,修改完善作战方案,撰写作战实验报告。

陆军作战实验实施小组人员组成的类型和数量,根据具体的陆军作战实验活动确定。由不同单位组织的不同类型陆军作战实验活动,作战实验实施小组组成人员也有所不同。比如,陆军部队组织的作战方案实验,作战实验实施小组主要由陆军参演部队指挥员组成,这里的陆军参演部队指挥员,主要包括陆军军事主官、参谋长和作训、侦察等机关部门领导和参谋人员。而陆军院校在作战实验室进行的作战理论创新实验,作战实验实施小组人员则主要由陆军院校相关专业的教员组成。但无论是陆军部队指挥员还是院校教员,作为作战实验实施小组的成员,都要求必须熟悉作战实验的方案计划,熟练掌握作战实验系统的操作,具有一定的作战实验实践经验。作战实验实施机构人员数量,根据作战实验需要以及作战实验条件等综合确定。

三、陆军作战实验保障小组

陆军作战实验保障小组是为作战实验场地、作战实验设备、作战实验系统、作战实验数据等陆军作战实验实施涉及的相关方面提供保障的组织,是陆军作战实验组织实施不可缺少的重要组成部分,对保障陆军作战实验顺利实施起服务和辅助作用。由于不同形式的陆军作战实验涉及的保障方面不尽相同,因此,陆军作战实验保障小组的设置也有所不同。

陆军作战实验保障小组通常由作战实验场地、作战实验设备、作战实验系统研发单位有关人员组成,其主要职责:准备作战实验场地和作战实验设备,安装、调试作战实验系统和系统运行维护,确保陆军作战实验的顺利实施。当陆军作战实验保障人员较多时,可按专业划分为若干作战实验保障小组。比如,可成立作战实验设备保障小组,主要负责计算机网络、控制终端、通信设备的运行保障;可成立作战实验系统保障小组,主要负责作战实验系统的安装调试、运行维护、系统培训等。

四、陆军作战实验评估小组

陆军作战实验评估小组是对陆军作战实验组织实施进行评估的机构,其主要职责是:评估作战实验过程和结果,评价作战实验数据和结论,讲评作战实验情况。作战实验评估小组,不是所有陆军作战实验活动都需设置,而是在对作战实验组织实施进行评估的情况下才需设置。一般来说,需要对陆军作战实验组织实施进行评估的情形主要有三种:第一种情形是将陆军作战实验嵌入到演习训练、课程教学过程中组织实施,并将其作为一个重要的过程环节。当演习训练、课程教学进行评估时，自然少不了对陆军作战实验组织实施的评估，此时就需设置实验评估小组，或将评估小组人员并入整体的评估小组之中。第二种情形是虽然陆军作战实验独立组织实施，但是作战实验人员是首次组织实施陆军作战实验或组织实施作战实验的经验不足，此时为了规范作战实验组织实施过程，提高作战实验组织实施水平，也需要设置作战实验评估小组，帮助作战实验人员发现作战实验组织实施过程中不正规或存在的问题，促进实验一次、进一步。第三种情形是同一个陆军作战实验课题，有多组作战实验人员同时进行实验，并且需要对各组作战实验组织实施情况进行比较排序时，为了确保统一标准、客观公正，则需要设置作战实验评估小组，分别对各组作战实验组织实施进行评估，并给出评估结果。此外，作战实验评估小组设置也取决于评估人员数量，当评估人员数量较少时，有时就不再单独设置作战实验评估小组，而是将评估人员编入作战实验组织领导小组之中，并承担相应职能。

陆军作战实验评估小组主要由陆军作战实验领域专家组成。作战实验评估小组人员数量根据陆军作战实验规模层次来确定，实验规模大、层次高，则需要的评估人员数量较多；实验规模小、层次低，则需要的评估人员数量相对较少。作为作战实验评估小组成员的陆军作战实验领域专家，是作战实验评估的主体，是决定作战实验评估质量的关键因素，因此，在选择实验评估专家时必须要坚持高标准、严要求。陆军作战实验领域专家通常从陆军机关、部队、院校、科研机构等单位进行选择，要求必须具备两点：一是要有较高的陆军作战实验理论水平。要精通陆军作战实验理论，对陆军作战实验有深入的认识，能够把握陆军作战实验规律和特点。二是要有丰富的陆军作战实验组织实施经验。多次组织或参与陆军作战实验组织实施，能够把握陆军作战实验组织实施各环节，要有敏锐的洞察力，能够发现和协调解决作战实验组织实施过程中存在的问题。

第四节　组织陆军作战实验培训

陆军作战实验培训是对参与陆军作战实验的相关人员进行培训，使作战实验人员熟悉陆军作战实验理论，掌握作战实验系统操作方法，清楚作战实验方案计划等，是确保陆军作战实验顺利实施，取得预期效果的重要途径。一般来说，如果时间和条件允许，均应进行作战实验人员培训。作战实验人员培训内容主要包括作战实验理论、作战实验系统、作战实验保障和作战实验方案等。

一、组织陆军作战实验理论培训

陆军作战实验理论培训是对陆军作战实验相关理论进行培训,其目的是使作战实验人员熟悉陆军作战实验的有关理论。陆军作战实验理论培训,通常围绕陆军作战实验基础理论和应用理论展开培训。陆军作战实验基础理论主要培训陆军作战实验基本概念、发展演变、主要类型、地位作用、主要特点、实验方法、实验原则、实验要求等内容。陆军作战实验应用理论主要培训陆军作战实验的过程步骤、主要工作及组织实施方法、要求等内容。

陆军作战实验理论培训通常由陆军作战实验领导小组组织,所有作战实验人员参与,主要采取理论讲授、辅导答疑的方法。首先,由陆军作战实验领域的专家教授围绕陆军作战实验相关理论进行理论精讲,如培训时间较长、内容较多,可分为多个专题进行讲授。然后,参训人员围绕讲授过程中或作战实验过程中的困惑提出问题,由专家教授进行辅导答疑。

陆军作战实验理论培训非常有必要,尤其对于那些没有陆军作战实验理论积淀或者理论基础较为薄弱的实验人员来说,是必不可少的,很难想象,不懂陆军作战实验理论的人去组织实施作战实验会有怎样的效果。陆军作战实验理论培训也非常重要,通过培训,能够使实验人员建立和深化对陆军作战实验的认知,掌握陆军作战实验组织实施的流程方法和关键所在,从而为陆军作战实验组织实施奠定坚实的理论基础。

为确保理论培训效果,陆军作战实验理论培训,首先应摸清作战实验人员的作战实验理论基础情况,并有针对性地制订培训计划。如果作战实验人员理论基础较好,可适当缩减培训时间和培训内容,进行陆军作战实验要点或难点精讲,如果作战实验人员理论基础都非常扎实,作战实验理论培训甚至可以省去。反之,如果作战实验人员理论基础较薄弱,则需要加大培训力度,拉长培训时间,并注意培训内容的系统性和完整性,从基础理论到应用理论,由浅入深。其次,应在理论讲授前将理论授课材料下发作战实验人员,作战实验人员预先阅读相关材料,以便理解和消化所学内容。最后,为了检验作战实验理论培训效果,可在培训结束时安排一次作战实验理论考核,通过考核者,方可参加陆军作战实验。

二、组织陆军作战实验系统培训

陆军作战实验系统培训,是对陆军作战实验所使用的作战实验系统进行培训,目的是使作战实验人员加深对作战实验系统的理解,熟练掌握作战实验系统各功能模块的操作使用,提高运用作战实验系统的综合技能,为熟练运用作战实验系统进行作战实验打下良好基础。培训内容主要包括:①作战实验系统基本情况,主要包括作战实验系统的组成、功能、特点、地位作用、建设发展、应用实践及应用流程、应用要求等内容;②作战实验系统功能操作,主要包括作战实验系统各分系统功能模块的操作步骤、操作方法、操作技巧、注意事项等内容;③作战实验系统操作练习,主要包括作战实验系统各分系统功能模块练习、作战实验系统综合练习等内容。

陆军作战实验系统培训通常由陆军作战实验领导小组组织,作战实验实施小组人员参加,主要采取"系统介绍、功能演示、操作练习"的方法组织实施。首先,由陆军作战实验系统专业人员进行作战实验系统情况介绍,主要介绍陆军作战实验系统基本情况、系统能力和系统运行环境,使受训人员了解作战实验系统的体系架构、系统组成、功能特点和运行环境,对陆军作战实验系统有个整体的认识。其次,进行作战实验系统功能演示。在演示作战实验系统功能之前,组训者要明确每名受训人员登录作战实验系统的用户名和口令。在宏观介绍作战实验系统构成和功能的基础上,组训者打开陆军作战实验系统,输入登录系统的用户名和口令,登录作战实验系统,结合系统界面进行功能演示和操作讲解。作战实验系统功能演示和操作讲解的内容主要分为三个部分:①讲解陆军作战实验系统界面布局。明确作战实验系统界面布局及相关菜单功能分布,尤其是常用菜单功能,便于准确实现功能操作。②功能操作步骤作为讲解的重点。组训者演示作战实验系统每一个功能的操作方法和步骤,详细讲解操作要领和技巧,明确输入的数据项和数据格式,以便受训者尽快掌握。③作战实验系统功能综合运用。在系统功能和操作讲解的基础上,组训者需要进一步讲解陆军作战实验系统功能如何与陆军作战实验相结合,通过哪些功能、哪些操作能够完成相关的实验工作。例如,敌情设置,需要通过哪个分系统来实现,分几步操作,需要输入哪些内容,需要注意什么,等等。最后,进行作战实验系统操作练习。在作战实验系统操作讲解的基础上,受训者熟悉陆军作战实验系统操作使用步骤和要领,进行操作实践,掌握作战实验系统功能与操作技巧,能够熟练运用作战实验系统完成陆军作战实验。

　　陆军作战实验系统培训对于陆军作战实验人员熟练掌握陆军作战实验系统操作、运用实验系统进行陆军作战实验来说尤为重要。在以往陆军作战实验实践中,由于陆军作战实验系统操作不熟练,导致作战实验进程缓慢,甚至磕磕绊绊的例子并不少见,因此,要高度重视、着力抓好陆军作战实验系统培训。

　　为确保陆军作战实验系统培训效果,应注意把握以下几点:①全员全程参与培训。陆军作战实验是一项集体工程,每个实验人员在作战实验中都承担各自的任务,掌握作战实验系统操作使用是共性要求。因此,所有陆军作战实验人员都应克服困难、排除干扰,全程参与作战实验系统培训,才能全面掌握陆军作战实验系统情况及运用方法。如因特殊情况,部分培训内容未能参加,应适情进行补训。②灵活运用培训方法。根据作战实验系统培训场地条件和受训人员数量,组训者应灵活采取各种培训方法。比如,作战实验系统功能演示和操作讲解可以采取集中讲授和分组讲授两种形式。集中讲授,由一名组训者组织讲解,其余组训者对受训者进行辅助指导,在培训场地、设备条件允许的情况下,受训者在组训者讲解的同时使用客户机,边看边听边操作,跟着组训者演示讲解的操作过程,进行操作实践;如果集中讲授场地不足以支撑受训者使用客户机同步操作练习,可以先讲解操作步骤,再进行分组操作实践。分组讲授,由各组的组训者在各自的训练场地分别进行演示讲解,受训者同步进行操作实践。③结合角色突出重点。受训人员在全面掌握陆军作战实验系统操作技能的基础上,应结合陆军作战实验中所承担的角色和任务,针对作战实验过程中自己要使用的作战实验系统功能模块,进行重点练习,做到熟练掌握。④编写提供练习材料。为使受训人员进行作战实验系统操作练习时能够有所依托,不至于练习时无从下手,组训者应事先编写作战实验系统操作练习册,并下发受训人员,供受训人员进行陆军作战实验系统操作练习时使用。作战实验系统操作练习册可区分为系统功能练习和系统综合练习两部分。作战实验系统功能练习,主要围绕作战实验系统的某个具体功能操作进行练习。作战实验系统综合练习,则提供一个综合想定,由受训人员从头到尾自己运用作战实验系统完成输入。⑤合理分配培训时间。根据作战实验系统培训时间长短,合理分配情况介绍、功能演示、操作练习的时间。应坚持少讲、精讲、多练,一般应留出不少于一半的培训时间进行作战实验系统操作练习。作战实验系统操作练习时间也不能按照各功能模块平分时间,应突出练习重点和难点功能操作,对于比较重要或操作复杂的功能模块应多分配一些练习时间。此外,在作战实验系统练习过程中应安排一些答疑时间,及时解答受训人员在作战实验系统练习过程中遇到的系统操作问题。

三、组织陆军作战实验保障培训

陆军作战实验保障培训是对陆军作战实验保障有关事项进行培训,目的是使陆军作战实验保障人员熟悉作战实验保障工作,掌握作战实验保障方法,提高作战实验保障水平。培训内容主要包括陆军作战实验保障过程、主要保障工作、具体保障方法、有关保障要求等。

陆军作战实验保障培训通常由陆军作战实验领导小组组织,作战实验保障小组人员参加。根据作战实验保障内容的不同,采取的培训方法也有所不同。对于陆军作战实验系统保障培训,可采取"要点提示、操作演示、保障练习"等方法。首先,围绕陆军作战实验过程中实验系统保障工作要点进行理论提示;其次,就陆军作战实验系统保障操作方法进行演示,最后,由个人结合承担的系统保障任务进行保障操作练习。对于陆军作战实验设备保障培训,则主要围绕设备功能操作进行现场操作演示,并对常见设备故障问题的处置进行提示,而后进行必要的针对性练习。

陆军作战实验组织实施是一项复杂的实践活动,需要方方面面的保障,对作战实验保障的依赖性也很强,作战实验保障不到位势必会影响陆军作战实验的顺利组织实施,甚至会影响作战实验的最终结果。作战实验保障培训是确保陆军作战实验过程中各项实验保障有力的重要举措。为做好作战实验保障培训,在组织实验保障培训过程中应注意把握以下几点:①兼顾全面、突出重点。陆军作战实验保障涉及的方面比较多,既有作战实验场地,又有硬件设备;既有作战实验系统,又有各种数据;既有住宿保障,又有饮食保障等,因此,组织作战实验保障培训,应兼顾到陆军作战实验各个方面的保障,但又要突出作战实验技术保障这个重点。②明确职责、区分任务。为确保作战实验保障准备落到实处、作战实验过程保障有序实施,必须明确陆军作战实验保障人员的职责任务,做到区分到人、职责明确、任务清晰。作战实验保障培训一个重要的方面,就是使受训人员明确各自的保障站位、熟悉主要的保障工作、掌握保障实施的方法技巧,学会处理常见的保障问题,为进行相应的作战实验准备及实施过程保障打下良好的基础。③预想情况、制订预案。由于作战实验保障过程中可能会出现各种意外情况,影响陆军作战实验的顺利组织实施,因此,应结合每次陆军作战实验特点,参考以往陆军作战实验保障经验,充分发挥集体智慧,合理预想作战实验保障过程中可能出现的意外情况，并针对性制定相应预案。组织作战实验保障培训时，组训者应使受训人员知悉作战实验保障预案的内容及启用时机，并引导受训人员结合各自承担的保障任务，对作战实验保障预案进行丰富完善，使之更加满足个性化需要。④强化意识全程保障。作战实验保障是一项贯穿陆军作战实验全过程的工作，无论是作战实验实施，还是作战实验分析，抑或是作战实验总结，都离不开作战实验保障。组织陆军作战实验保障培训过程中，组训者应引导受训人员树立全程保障意识，坚持全程高标准，充分认识作战实验保障的复杂性和重要性，积极发挥主观能动性，扎实做好每一项作战实验保障工作。⑤注重节约、精细保障。陆军作战实验保障过程势必会消耗一定的保障资源，精细保障方法是节约保障资源的有效举措。作战实验保障培训中，应将精细保障理念贯穿其中，并将如何实施精细化保障作为其中培训内容，使受训人员学会分析作战实验保障需求，学会计算作战实验保障量，学会统筹和调配保障资源，从而为陆军作战实验过程中实施精细保障打下坚实基础。

四、组织陆军作战实验方案培训

陆军作战实验方案培训是对陆军作战实验方案等计划安排进行培训，目的是使陆军作战实验人员熟悉作战实验计划安排、熟悉职责分工，熟悉节点要求，为陆军作战实验顺利实施打下坚实基础。培训内容主要包括陆军作战实验方案、陆军作战实验计划、陆军作战实验想定、陆军作战实验要求等。

陆军作战实验方案培训通常由陆军作战实验领导小组组织，全体作战实验人员参与。培训通常采取"集中学习、分组研讨、对接完善"的方法。首先，由作战实验领导小组成员围绕作战实验方案、计划及想定进行讲解或提示。然后，在此基础上，区分作战实验领导小组、作战实验实施小组、作战实验保障小组、作战实验评估小组分别围绕各自工作计划进行研讨，重点研讨工作计划与整体实验计划是否存在冲突，工作计划中是否存在纰漏等，并使每个人明确各自实验角色、实验工作及相关要求，必要时每个人可在研讨的同时制订个人工作计划。最后，针对分组研讨中发现的问题，对相应计划进行修改完善，并进行对接，确保计划之间相互衔接。

陆军作战实验组织实施，不仅要有好的思想和方法，关键还在于执行和落实。因此，在所有作战实验方案、计划等文书出台之后，还要组织作战实验人员进行相关培训，以熟悉作战实验计划安排。作战实验方案培训，对于确保陆军作战实验沿预定计划方向协调有序推进具有十分重要的意义,因此,必须高度重视、周密组织、确保效果。在组织作战实验方案培训过程中,应突出做好以下几点:①全员全程参与。陆军作战实验的整体性要求很高,尤其是多个单位许多人员参与的情况下,如何形成整体合力,协调一致完成实验任务至关重要,而作战实验方案培训恰是解决这一问题的重要举措,因此,要求全体陆军作战实验人员全部参与培训,培训过程要全身心投入。由于整个作战实验方案培训是一个系统性培训,任何环节的漏训都会影响培训效果,进而可能影响作战实验组织实施,因此,培训过程应全程参与,不漏一环。②结合岗位职责。作战实验方案培训主要从总体上培训陆军作战实验整体设计、大的计划安排,作战实验过程中主要工作大都明确到各实验小组,未明确到个人。因此,在作战实验培训过程中,每名作战实验人员应结合各自岗位职责,在整体把握作战实验计划安排的基础上,围绕作战实验过程中自己所要承担的工作进行深入思考,搞清工作内容、工作方法、工作重点、时间节点等,形成个人的作战实验工作计划。③引导发现问题。尽管陆军作战实验方案计划制定过程中都进行了详细考虑,但难免还会存在一定的问题。在作战实验培训过程,所有人员从不同角度不同方面来审视陆军作战实验方案计划,更容易发现实验方案计划中存在的问题或不科学、不合理之处。因此,应抓住作战实验方案培训这一发现问题的有力契机,积极引导参训人员要注意发现陆军作战实验方案计划中的问题,并及时指出。④注重研究完善。对作战实验方案培训过程中所暴露出或发现的各种问题,作战实验领导小组要给予高度重视,及时汇总梳理,认真研究解决或改进方法,对陆军作战实验方案计划进行修改完善。必要时,将完善后的陆军作战实验方案计划再次交由部分或全体受训人员进行审视,以确保所有问题得以有效解决。

第五章　陆军作战实验筹划

开展陆军作战实验活动前，需要根据陆军作战实验的目的和要求，对相关内容进行统筹考虑和预先设计。陆军作战实验筹划在整个作战实验活动过程中，占有极其重要的地位。如果作战实验筹划合理、周密、科学，则可节省人力、物力和财力，在预期的时间里获得丰富而可靠的数据、信息等，取得较好的作战实验效果。反之，如果陆军作战实验筹划不合理，不仅费时费力，难以达成预期目的，有的甚至会得出错误的作战实验结论。随着陆军作战实验的不断深入发展，对陆军作战实验筹划的要求也越来越高。陆军作战实验筹划要做的工作很多，但总的说来，就是一个"想要什么"到"要做什么"的过程。

第一节　开展陆军作战实验规划

陆军作战实验规划是开展陆军作战实验的基础，是对整个陆军作战实验活动的宏观设计。陆军作战实验规划是一项基础性、全局性的工作，关系到整个陆军作战实验活动宏观设计的科学与否。

一、陆军作战实验规划的内容

陆军作战实验规划的内容主要包括作战实验指导思想、作战实验工作目标、作战实验任务、作战实验工作指南等。

（一）陆军作战实验指导思想

无论做什么工作，都要有一个明确的指导思想，否则工作就没有目标，缺乏方向，开展陆军作战实验也是如此。一般情况下，陆军作战实验指导思想应包括以下三个方面的内容：①应当遵循和贯彻的军事思想及作战方针、原则；②作战背景、作战对象和编制装备；③实验目的、要求、对象和主要内容等。

（二）陆军作战实验工作目标

目标是指工作要实现的目的和达到的标准。陆军作战实验目的和要求在指导思想中的描述比较抽象和概略，需要在工作目标中进一步具体化和详细化。对作战实验目的描述要具体、准确，便于作战实验团队理解和实现。作战实验工作标准是定量标准，要有确切定义和计量单位，要便于团队理解和执行。

（三）陆军作战实验任务

根据陆军作战实验课题指导思想、作战实验目标和要求等确定陆军作战实验任务，通常包括陆军作战实验设计任务、陆军作战实验组织实施任务、陆军作战实验数据分析任务、陆军作战实验评估任务和陆军作战实验总结任务等。

（四）陆军作战实验工作指南

制定陆军作战实验工作指南是陆军作战实验规划的重要内容，其主要内容包括陆军作战实验的阶段划分、实施步骤、实验场地、实验人员等，这是制订详细陆军作战实验计划的依据。

二、陆军作战实验规划的要求

在进行陆军作战实验规划时，应注意把握以下几点：

（1）作战实验指导思想要简明扼要、针对性强。作战实验指导思想是陆军作战实验活动的魂，引领着作战实验活动的发展方向。制定陆军作战实验指导思想时，一定要着眼全局、关照全程，简明扼要、注重针对性，使作战实验指导思想具有较强的针对性和指导性。

（2）作战实验目标体系构建要科学、完备。目标是陆军作战实验活动要实现的预期成果，决定着作战实验内容、方法、手段、流程、标准等的确定。陆军作战实验目标体系构建要科学、完备，对于综合性作战实验，需要对作战实验目标进行层层分解，构建完备的目标体系，以使每个阶段都有目标牵引。

（3）作战实验任务要合理适度、重点突出。明确陆军作战实验任务时，一定不能脱离作战实验指导思想、作战实验目标和作战实验主客观条件等的限制，且要合理区分不同作战实验阶段的重点任务，做到任务的合理适度、重点突出。

（4）作战实验工作指南要素齐全、操作性强。陆军作战实验工作指南要求明确陆军作战实验工作的列表清单、负责部分、完成标志、时限与要求等,要素要齐全、操作性要强。需要注意的是,这不是制订详细的陆军作战实验实施计划,而是对整个陆军作战实验工作事项的安排,而每部分工作都会有详尽计划。所以,陆军作战实验工作指南应提纲挈领、条目清晰。

第二节 进行陆军作战实验设计

陆军作战实验设计是对陆军作战实验相关活动进行的具体规划和总体安排,在整个陆军作战实验过程中占有极其重要的地位,是作战实验过程的依据,是作战实验数据处理的前提,也是提高实验质量、节约实验资源的重要保证。陆军作战实验设计的好坏决定了实验结果数据能否收集和处理,以及对问题能否进行运筹分析。

一、陆军作战实验设计的内容

陆军作战实验设计内容主要包括作战实验总体设计、作战实验问题设计和作战实验过程设计等。作战实验总体设计是从军事角度阐明问题研究的边界条件;作战实验问题设计是在总体设计的基础上,将作战实验总体设计转化为具体作战实验问题,为后面编写作战实验想定提供作战实验的问题背景及其作战实验目标;作战实验过程设计主要是确定作战实验策略,落实作战实验运行条件等。

陆军作战实验总体设计是根据作战实验规划,确定作战实验指导思想、作战实验目标和作战实验任务,通过对作战对手、作战条件、作战需求、作战武器装备等情况的全面分析,明确问题研究的背景条件、作战目标、任务要求、打击手段、行动次序等,完成作战实验任务的结构化描述,形成初步的作战实验总体。

陆军作战实验问题设计主要采取运筹分析等方法,根据作战实验目标和要求,结合陆军作战实验总体,作战实验对研究对象、假设条件等的量化描述,设计作战实验指标体系等。其中关键是如何根据作战实验总体,明确相关影响因素及作战实验点,确定作战实验输入输出方法及内容。作战实验问题设计应根据不同层次、不同类型的作战问题,归纳总结问题设计的原则、一般过程和基本方法。

陆军作战实验过程设计是依据作战实验目的和作战实验指标,对作战实验过程的总体设计和具体安排,是保证作战实验高效运行的关键。包括两方面的问题:一是根据陆军作战实验目的和作战实验指标,合理规划作战实验因素,优化作战实验参量;二是设计陆军作战实验的运行模式和方法,包括陆军作战实验过程控制机制及相关控制参数设置、实验策略设置等。陆军作战实验过程设计是一个反复多次的过程,针对问题,不断调整,才能确定合适的作战实验点和作战实验方法等。

二、陆军作战实验设计的要求

陆军作战实验设计是陆军作战实验成败的关键,只有精心设计的作战实验,才有可能取得成功。因此,必须做好陆军作战实验设计工作,具体应把握以下几点。

(1)注意把握设计各环节的关系。陆军作战实验总体设计提供了军事人员对作战实验任务的定性描述;陆军作战实验问题设计则运用运筹分析方法将作战实验总体设计转化为具体的、定量描述的作战实验任务,为编写作战实验想定提供作战实验背景及实验目标;陆军作战实验想定是作战实验任务具体化;陆军作战实验过程设计又是围绕陆军作战实验任务,对作战实验想定设置与行动方案推算的具体组织与安排。可见,陆军作战实验的各设计环节是相辅相成、密切关联的。正确把握各个环节的关系,既有利于提高工作效率,又有利于提高陆军作战实验设计质量。

(2)陆军作战实验设计的作战条件应适应未来战争需求。作战实验是对未来战争的预实践,要充分发挥作战实验的预实践作用,必须在作战条件的设置上下足功夫。适应未来战争的作战实验想定,首先在想定的设计上要把未来战争信息化含量设足,要尽可能多地为作战实验提供近似实战的战场条件。

(3)作战计划与行动方案设计应具有一定的灵活性。作战实验的复杂性决定了在陆军作战实验之前制定的计划和方案不可能完全涵盖陆军作战实验中可能出现的各种情况。通常,很多情况是需要通过陆军作战实验来发掘的,陆军作战实验过程中态势变化发展的结局存在多种可能性,所以想定中的作战计划和行动方案的设计应该有充分的灵活性。

除了以上问题,陆军作战实验设计通常还需要考虑人的不确定性因素、建模与仿真的运用、数据收集和分析计划、相关的政治和安全问题、与利益相关的人员或组织的沟通等。

第三节 编写陆军作战实验想定

陆军作战实验前，必须先编写作战实验想定，其目的是支撑作战实验方案的运行和作战实验结果的分析。

一、陆军作战实验想定的涵义

按照《军语》的定义，想定是"按照训练课题对作战双方的企图、态势以及作战发展情况进行设想和假定的演习文书"。按照美军的"北约 C^2 评估最佳实践规程"定义，想定（Senarios）是"与满意的研究目标和问题分析指标相匹配的特定时间框架内的冲突或危机相关的区域、环境、方法、目标和事件的描述"，该文献还将实验想定分成背景（如地理、政治态势的特性）、参与者（如蓝方、红方和其他的意图、能力）、环境（如自然天气和社会环境）和事件的时间进程四个基本要素。

简单地说，想定是对作战各方的作战企图、基本态势及发展情况的设想和假定，是对未来时间框架下假设的冲突地区、环境、手段以及事件的图形化和文字化描述。作战实验想定不仅包含了传统想定对作战活动进行设想和假定的内容，同时包含了对整个作战过程的预先设定以及相关安排。这些设想与设定必须满足所研究问题的需要，规定研究问题的边界范围，并给出研究条件和约束，以确保在特定范围内观测相关变量及其相互关系，并为理解和解释实验分析结果奠定基础。

陆军作战实验想定，是对陆军作战实验基本情况、作战实验任务和要求的设想与假定，是作战方案的具体体现。陆军作战实验想定以要研究的主要作战问题为基础，通过实例化，变为可操作的具体作战过程，它既可以是根据一定作战理论构设的研究性想定，也可以是根据一定训练目的构设的教学性想定，还可以是根据作战需要构设的检验性想定。

陆军作战实验想定与常用的演习想定相比，两者同属于想定，都具有非常重要的地位作用，对于各自活动来说都是不可或缺的，都发挥着不可替代的作用。但两者也有明显不同：一是两者运用领域不同，演习想定用在演习活动领域，作战实验想定用在陆军作战实验活动中,两者不能画等号;二是两者发挥作用不同,演习想定用于组织与诱导演习实施,演习过程中,参演人员需要依据演习想定制定作战方案计划,而陆军作战实验想定是作战实验内容的载体,是作战实验人员用于作战实验的对象。

二、陆军作战实验想定的内容

通常来说,陆军作战实验想定的内容主要包括想定背景、作战计划拟制、行动方案等。

(一) 想定背景

陆军作战实验是在一定实验想定背景下进行的。想定背景就是想定的初始背景条件。想定背景生成的任务是按照军事人员的思维和操作习惯,对想定数据进行初始化,主要内容包括使命分析、战场环境、战争实体部署、作战编成与管理、确定想定时间、想定文档的描述,以及想定数据的管理等。

想定企图立案描述了基本的作战背景情况,并对整个作战进展进行了基本叙述,在此基础上了解作战分析的结果,明确作战意图和作战焦点,并形式化地描述政治、军事意图和中止状态,作为作战计划的指导,用于作战计划的制定。想定企图立案是基于问题背景设置,将需要的元素用表格表现出来,并指导军事人员进行作战编成、兵力部署及战场环境布置等具体工作。

战场环境主要包括气候环境、电磁环境、地理环境以及其他环境等方面。其中,地理环境除一般的地理信息外,还包括自然环境、人工设施等内容。一般的人工设施包括桥梁、港口、村庄、城市等,也可以包括更具体的建筑物和道路等。电磁环境、气象环境有的直接从属于地理环境系统,也有的需要单独配置。

作战编成是指为达到一定的作战目的,将参战的兵力按任务临时组合成的一个兵力整体。它明确了作战编组的方式及兵力的指挥关系,一般以树状结构表示。作战编成与具体的想定背景相关,是根据不同的想定背景临时编制的,存储成作战编成库。作战编成管理的主要工作就是根据特定的想定背景和作战目的,从编制库中选择合适的作战实体,组合成具有上下级关系的作战编成。

作战部署是根据作战需要确定任务区分、兵力编组和配置,即把作战编成中确定的各作战编组的兵力、兵器按照一定的队形布置在一定的地域。

（二）作战计划拟制

作战计划拟制是确定作战活动的基本过程。与传统单方分析的概念不同，作战实验的作战计划拟制不仅需要拟制出本方的作战计划，而且也需要拟制出参与对抗的其他各方的作战计划。

作战计划拟制就是按照上级企图、当前态势以及我方能力约束，明确对作战行动的总体设想（总体计划），并对其进行细化（分支计划）。拟制完成的作战计划应该具有规范定义的通用格式，不仅可以为仿真实验系统提供仿真运行脚本，还可以直接与态势显示系统相连进行推演，甚至可以直接辅助指挥员作战指令的下达。作战计划拟制的关键是要计划内容、形式和组成，使作战计划能够支持描述一个完整的作战过程。一是要采用规范统一的格式，便于不同作战实验人员之间交流；二是要能直接转化为指导作战实验运行脚本，驱动模型运行。

（三）行动方案

行动方案就是在作战计划阶段目标的指导下，使一定的作战实体在一定的时间、一定的地点，执行一定的行动，并产生一定的相互作用效果，按规则判断实体状态和行动效果是否触发条件或以时间驱动，选择下一行动，最终确定整个可能的行动序列。

行动方案规划是为满足仿真模型的数据需求而进行的作战行动数据准备（动作序列）和作战行动规则设置（作战行动的条件、动作和控制参数），规划内容和数据粒度必须与模型相适应。行动方案规划本质是规划作战实体动作序列，设置作战实体的战术规则，重点是预设行动设计和临机行动设计。前者主要用于产生作战行动的动作序列，后者主要用于设置作战单元在执行预设行动时做出反应的条件、动作和控制描述。当两种设计行动发生冲突时，一般是临机行动要优先于预设行动。

三、编写陆军作战实验想定的要求

与一般军事想定编写相比，陆军作战实验想定编写具有特殊性，既要遵循一般的军事想定的编写原则，同时又要体现出陆军作战实验的独特性，在编写过程中应注意以下要求。

（一）立足实际，着眼未来

一方面，要以军事战略方针为指导，以战斗条令、战术教材为依据，立足陆军作战力量的编制装备和作战特点实际，结合陆军作战实验系统对实验想定内容和格式的要求，科学选择实验课题、实验兵力、实验对象及实验地域，详细设计陆军作战方案的诸要素。另一方面，要着眼未来信息化战争，在想定中把未来战争信息化的含量设足，加大信息化武器装备比例，体现陆军诸兵种的联合作战行动，反映新型作战的特点，尽可能多地为陆军作战实验人员提供一个用信息化特点描绘出的战争环境。

（二）根据需要，适当简化

编写陆军作战实验想定时，必须根据问题研究的需要，覆盖作战实验内容，突出作战实验重点，规定研究问题的边界和范围，给出研究的条件和约束。对于作战实验关注的因素，要注重相关条件的可变性，并反映到想定中，以确保在特定范围内观测相关变量的取值变化及它们间的相互关系，并为理解和分析实验结果奠定基础。与作战想定不同，作战实验想定的出发点是可实验、易分析，所以根据作战实验需要，对一些作战情节和内容，有的要作简化，有的设为边界条件，而有的则是作战实验研究的重点，还需进行深化和细化。

（三）统筹考虑，动态灵活

陆军作战实验层次不同，其特点和规律也不同，开展陆军作战实验时，根据不同的作战实验问题和目的，陆军作战实验想定编写者只有站在全局的高度，切实把握住情况设想的层次性，才能使实验人员在作战实验中所充当的角色与作战实验要求完成的任务相适应，进而真正把握作战的特点、关键和重点，从而达到预期目的。陆军作战实验的复杂性决定了在作战实验之前制订的计划和方案不可能完全涵盖作战实验中可能会出现的各种情况。通常，很多情况需要通过作战实验来发掘，陆军作战实验过程中态势变化发展的结局存在多种可能性，所以想定中的作战计划和行动方案的设计应该具有较强的灵活性，这也是为了充分考察作战实验人员谋略与智慧、充分利用陆军作战实验活动考察作战影响因素的需要。

第四节 拟制陆军作战实验计划

陆军作战实验计划是陆军作战实验设计的进一步细化,是对陆军作战实验活动的具体安排,是组织实施陆军作战实验的主要依据。

一、陆军作战实验计划的种类及内容

陆军作战实验计划通常包括作战实验准备计划、作战实验实施计划、作战实验保障计划,必要时还会拟制作战实验数据采集计划、作战实验评估计划、作战实验总结计划等。

(1)陆军作战实验准备计划是对陆军作战实验准备工作的统筹安排。通常由陆军作战实验机构根据作战实验目的任务进行拟制,以使作战实验准备工作有计划、按步骤进行。陆军作战实验准备计划的内容通常包括作战实验准备工作内容、人员分工、工作方法、地点、完成时限、有关要求等。可拟制表格式或统筹图式,并作为作战实验准备计划的附件,下发有关单位(人员)执行。

(2)陆军作战实验实施计划是对陆军作战实验全过程的各项工作进行总体安排的基础文书,通常供陆军作战实验领导小组内部使用,以便掌握、协调、控制作战实验内容和进程。陆军作战实验实施计划的内容主要包括作战实验组织机构、作战实验职责区分、作战实验时间安排、作战实验人员配备、作战实验场地分配、作战实验规定和要求等。

(3)陆军作战实验保障计划是对陆军作战实验保障工作做出预先安排的文书,是组织实施各种作战实验保障的基本依据。陆军作战实验保障计划的内容通常包括作战实验系统保障、通信保障和有关附属设备的保障,以及实验人员所需用品的保障等方面。

(4)陆军作战实验数据采集计划是对陆军作战实验数据采集工作做出预先安排的文书,是组织实施作战实验数据采集的基本依据。陆军作战实验数据采集计划的内容主要包括数据采集目的、采集职责区分、采集内容方法、采集规定要求等。

(5)陆军作战实验评估计划是对陆军作战实验评估工作做出预先安排的文书,是组织实施作战实验评估的基本依据。陆军作战实验评估计划的内容主要包括作战实验评估目的、作战实验评估内容、作战实验评估方法、作战实验评估结果等。

（6）陆军作战实验总结计划是对陆军作战实验总结工作做出预先安排的文书，是组织实施陆军作战实验总结的基本依据。陆军作战实验总结计划的内容主要包括作战实验总结工作安排、作战实验总结方法、作战实验总结要求等。

二、拟制陆军作战实验计划的要求

拟制陆军作战实验计划是陆军作战实验筹划阶段的一项重要工作，计划拟制的科学与否直接影响陆军作战实验能否顺利实施以及能否达到预期目的。因此，应高度重视陆军作战实验计划拟制工作，依据陆军作战实验规划和设计，科学拟制陆军作战实验计划。

陆军作战实验计划包括作战实验准备计划、作战实验实施计划和作战实验保障计划等，应周密拟制，将陆军作战实验的众多方面、全过程有机协调，用计划来约束和指导各方面的活动，并针对作战实验中可能出现的意外情况制订相应预案。计划既要周密细致，又要统而不死，要为陆军作战实验人员根据实际情况进行灵活作战实验留下足够的空间。

陆军作战实验计划的制订是一个反复的过程。在拟制陆军作战实验计划过程中，必须不断寻求理想状态与实际情况的平衡，在陆军作战实验计划的细化过程中也会出现预料之外的问题，必要时还需要在拟制作战实验计划过程中对部分模型进行初始仿真验证。上述问题都可能需要对作战实验计划进行不断地修改与完善，最终达到可以指导实际作战实验过程的目的。

此外，陆军作战实验计划的形式可根据需要采取多种样式，既可以采取文字式，也可以采取表格式，还可以采取甘特图式。

第六章 陆军作战实验准备

陆军作战实验准备,是为保证陆军作战实验活动顺利开展而进行的各项准备工作,是陆军作战实验活动的基础性工作,是完成陆军作战实验任务的基础和前提。作战实验准备工作充分与否,直接影响陆军作战实验能否顺利展开,直接影响陆军作战实验效果的好坏。根据陆军作战实验活动的实际需求,作战实验准备工作通常在实验领导小组的统一组织下,以实验保障小组为主具体实施,主要包括构设作战实验环境、部署作战实验系统、准备作战实验数据、进行预先作战实验等工作。

第一节 构设陆军作战实验环境

陆军作战实验是在一定作战实验环境下进行的。构设陆军作战实验环境,是对陆军作战实验所需的硬件环境进行准备,内容主要包括作战实验场地准备、作战实验设备准备、作战实验标识准备等。

一、陆军作战实验场地准备

陆军作战实验场地是进行陆军作战实验活动的场所。陆军作战实验场地准备主要是为陆军作战实验选择、划分实验场地,并对场地环境进行布设。

(一)选择陆军作战实验场地

陆军作战实验场地通常选择专用作战实验场地——陆军作战实验室,如果开展作战实验的地方没有陆军作战实验室,则要根据陆军作战实验的需要选择适宜的陆军作战实验场地。通常从三个方面进行选择:①陆军作战实验场地承载容量能够满足陆军作战实验需要。实验场地承载容量是指作战实验场地能够支撑同时展开作战实验的人数。实验场地承载容量一般要大于参与陆军作战实验人员的数量,尤其是进行对抗推演实验时,一般实验人员较多,如果单个场所无法满足要求,也可选择多个场地,但两个实验场所之间必须能够实现互联,便于对陆军作战实验实施统一控制。②选择便于通信联络的陆军作战实验场地。陆军作战实验过程中,通常会在实验组织机构的统一组织下,调整作战实验条件或控制作战实验进程,各实验参与单位要能够及时沟通联络。③作战实验实施便于保障。陆军作战实验场地便于实验保障小组实施器材物资等各类保障,从而支撑陆军作战实验顺利实施。

(二)划分陆军作战实验场地

选择好陆军作战实验场地后,接下来要对实验场地按照功能进行划分。陆军作战实验场地划分,应把便于开展陆军作战实验工作、完成陆军作战实验任务作为首要考虑,将作战实验人员既相对集中,又按照组织机构设置划分相对独立工作区,通常设置实验领导小组工作区、实验实施小组工作区、实验评估小组工作区、实验保障小组工作区等,各工作区位置及大小根据各实验小组人员数量及实际场地情况来确定。不同的陆军作战实验,对场地划分的要求也不一样,比如,进行对抗推演实验时,如果采取"面对面"的推演方式,则扮演红蓝双方的实验人员应在一起;而如果采取"背靠背"的推演方式,则双方实验人员必须分开。此外,如果陆军作战实验需要进行研讨或有实验观摩人员,则在划分作战实验场地时,需要设置研讨交流区、实验观摩区。

(三)布设实验场地环境

陆军作战实验场地划分完毕后,接下来就需要对场地环境进行相应布设,为后续进行的陆军作战实验设备准备和作战实验系统部署奠定基础。实验场地环境布设首先需要根据实验领导小组要求或陆军作战实验需要选择布设形式,然后再展开场地布设。场地环境布设形式有很多种,常见的布设形式主要有以下几种:①环形布设,就是将作战实验场地围成一个或多个环形;②U形布设,就是将陆军作战实验场地布设成U形,左右竖向各设置一排或多排,中间横向设置一排或多排;③V形布设,与U形布设类似,只是左右竖排不是竖直的,而是与横排成一定角度;④横排布设,就是将陆军作战实验场地布设成多个横排,根据横排朝向是否一致,可将横排分为横排同向和横排异向两种,横排同向是指所有横排都朝向一个方向,横排异向是指横排朝向两个方向,通常为面对面或背靠背;⑤竖排布设,就是将陆军作战实验场地布设成一个或多个竖排,跟横排布设一样,根据朝向可以分为竖排同向和竖排异向两种。在实际场地环境布设时,需要根据陆军作战实验灵活选择,既可选择一种布设形式,也可选择多种布设形式,结合起来进行运用。

二、陆军作战实验设备准备

陆军作战实验设备是对陆军作战实验所需的各种硬件设备的统称。通常来说,陆军作战实验所需的设备主要包括计算机设备、网络设备、显示设备、音视频设备以及辅助设施等。

(一) 计算机设备

计算机设备是陆军作战实验系统运行的基本依托。为支撑陆军作战实验,除准备陆军作战实验场地环境外,还应按照陆军作战实验席位设置,为参与作战实验的相应席位配置计算机硬件设备。按照功能划分,计算机设备包括服务器与客户机两类。

1. 服务器

服务器是陆军作战实验系统运行的后台支撑,主要负责存储作战实验过程中生成的所有数据,利用仿真模型对实验人员下达的各种指挥命令进行实时运算,并将运算结果实时传输到各实验席位的计算机终端进行显示。服务器准备,就是按照陆军作战实验系统运行需要,准备相应数量且满足性能要求的服务器。此外,需要注意的是,应根据陆军作战实验规模和参加人数,估算陆军作战实验系统最大并发连接用户数量,以及陆军作战实验系统极限数据产生量与吞吐量,认真分析可能存在的性能瓶颈,合理配置相应计算性能与吞吐能力的服务器,综合运用负载平衡、服务器集群等先进技术,保证服务器的正常运行。

2. 客户机

客户机是陆军作战实验系统操作前台,主要负责接收用户的信息输入,显示各类二维、三维态势信息。客户机准备要重点关注三方面:①客户机数量。要按照陆军作战实验需要准备客户机,一般要求客户机数量不能少于陆军作战实验需求数量。如现实情况允许,应在陆军作战实验需求数量的基础上尽量多准备几台客户机作为备份,便于在陆军作战实验过程中,当客户机出现故障时能够快速替换。②客户机性能。为确保系统能够顺畅运行,陆军作战实验系统通常会对客户机硬件配置有一定要求,主要包括 CPU 主频、内存、硬盘、显卡、显存、网卡等方面的要求。要按照陆军作战实验系统对客户机硬件配置要求,准备符合硬件配置要求的客户机。③客户机基础软件环境,主要指计算机操作系统、设备驱动、文字办公、图像浏览、安全防护、远程管理等基础软件。不同的陆军作战实验系统,采取的研发平台、技术体制等不同,对基础软件环境要求也不相同。客户机准备时,要根据作战实验所使用的陆军作战实验系统,安装所需的基础环境软件。为节省安装时间、提高安装速度,通常采取操作系统克隆的方法,使用安装好的系统镜像将系统整体恢复到所有客户机。

(二)网络设备

陆军作战实验,无论是依托局域网组织,还是依托广域网进行组织,网络通信系统的开设与沟通都是确保陆军作战实验顺利实施的首要工作,通常在陆军作战实验场地准备完毕之后进行。其基本要求是将各作战实验场地之间,通过计算机网络和通信设备连接起来,形成完整、配套的信息化、网络化实验环境。

1. 规划设计网络结构

基于实验系统的陆军作战实验实施,对计算机网络信息传输有较高要求。因此,在设计阶段需要依据陆军作战实验方案,明确是在同一地点还是远程异地实施,是基于同一局域网还是跨网段远程网络,是否需要其他通信单位保障,由哪个单位负责组织与协调等问题。针对以上问题,需对网络拓扑结构、网关路由、IP 地址等方面进行缜密细致的规划,尤其是在远程异地组织陆军作战实验时,其网关路由可能经过多个节点单位,需要由实验组织机构协调所有相关单位紧密配合,保证网络连接顺畅。

2. 网络联通测试

对于开设完成的网络通信线路,需提前进行联通测试,测试内容包括通信带宽、网络延迟、开放端口等参数,尤其是加装防火墙、保密机等安全加密设备后,必须按照实验实施的运行环境,加载全部终端后进行网络连接测试,方能掌握实际连接效果。另外,对于所有网络通信线路,有条件时应尽量留有备份线路,或提前制定备用连接方案,以备不时之需。

3. 网络运行管理

在陆军作战实验实施过程中,要随时监控网络通信状况,各参与单位均需安排专人负责值班值守,遇有问题及时沟通,按照预案迅速处理。同时要制定严格的网络使用规章制度,启用各类网络监控专业软件,防止出现非法入侵、超权限使用等违规现象。

（三）显示设备

显示设备主要是各种大屏幕显示系统,包括投影仪、LED 平板显示器、电子时钟屏幕、LED 字幕条屏等。通过这些显示设备,可以为陆军作战实验人员和观摩人员直观地显示陆军作战实验进程、二维作战态势、三维作战态势、损耗统计情况、令报收发情况等相关内容。在特定席位,如态势显示席等作战实验部位,应根据实验信息显示需要配置专用多屏显卡、大屏幕投影等设备。在陆军作战实验观摩区可配置大屏幕一体机,既便于实验观摩人员掌握态势,又可限制其随意操作系统。

（四）音视频设备

音视频设备是陆军作战实验中实施组织、指挥、控制与调度的重要工具手段,一般使用各类视频会议系统实现。为保证音视频传输质量,可选用高清视频系统,使用专用光纤线路传输,并考虑冗余备份系统。对音视频系统的功能需求主要包括:实验组织机构能够对各类信号进行集中控制与调度;参与陆军作战实验的各单位均引入音视频信号;实验组织机构对各个实验场地、各个参与单位,具备通播功能;各级各部位间可以进行点对点交互或点对多点的音视频联通;在有条件时,能够对整个陆军作战实验过程进行全时段记录,并根据需要进行回放。

（五）辅助设施

为增强陆军作战实验人员和观摩人员对陆军作战实验情况的了解和掌握,保障陆军作战实验活动的连续不间断实施,在陆军作战实验场所内还需要使用一系列辅助配套设施,概括起来可分为两类:①情况介绍类。主要目的是为观摩人员介绍情况,并辅助作战实验人员开展陆军作战实验活动,包括对作战地区的地形地貌等进行模拟显示的,如实物沙盘、电子沙盘等设备;介绍实验方案背景的,如各类决心图、计划图、编制编成表等喷绘挂图;展示实验成果的,如作战实验中产生的各类材料或研究成果等。②实验活动保障类。为保障陆军作战实验活动的连续顺畅进行,需确保作战实验场所的电力供应,除各类市电配电设备外,还应根据作战实验设备耗电量准备发电机和 UPS 电源等备用供电设施,同时还需考虑解决实验人员和观摩人员的供水、食宿等生活保障问题。

三、陆军作战实验标识准备

为便于对陆军作战实验场所及人员进行识别区分，需要在陆军作战实验场所摆放或由陆军作战实验人员佩戴相关标识。标识可分为以下三类。

（一）场地区分类标识

场地区分类标识包括各陆军作战实验场所内外的各种文图标牌、信息显示设备等，用于区分陆军作战实验场所，显示陆军作战实验机构名称、提示重要信息。尤其在远程异地组织陆军作战实验时，必须在被监控区域的显著位置安放场地标识，并在视频信号中叠加字幕进行区分。

（二）人员识别类标识

人员识别类标识包括文字桌签形式和佩戴证章形式。依据不同的实验身份进行区分，如实验组织机构、实验红军、实验蓝军、保障人员等。尤其在实验组织机构与实验参与单位位于相同实验地点时，需要按照身份职能佩戴相关标识，并依此限制其活动区域，规范陆军作战实验秩序。

（三）设备功能类标识

用于对各陆军作战实验场所使用的设备进行区分，便于实验组织机构人员、参与实验各单位和保障人员进行识别、管理与维护，如服务器区分、通信设备、音视频设备、线路标识等。

第二节　陆军作战实验系统部署

陆军作战实验系统是组织实施陆军作战实验的基本依托，因此科学、合理配置各个作战实验部位的系统软件，确保实验系统在陆军作战实验过程中能够安全、顺畅、稳定地运行，是陆军作战实验准备阶段的一项重要工作，应以服从和服务于陆军作战实验为目标，精心准备、全面调试。

一、准备陆军作战实验系统软件

准备作战实验系统软件，是对陆军作战实验系统部署所需的各种软件进行准备，明确实验系统部署位置和具体部署软件，为接下来的作战实验系统部署做好充分准备。

陆军作战实验系统软件根据其功能和部署位置不同，可分为服务器端软件和客户端软件。服务器端软件是部署在陆军作战实验系统服务器上的软件，主要提供身份识别服务、数据库管理服务、消息收发服务、模拟运算服务等各种后台集中管控功能。客户端软件是部署在前台客户端用于实验人员进行陆军作战实验的软件，主要提供实验设置、态势显示、方案输入、模拟仿真、情况报告、分析评估等功能。准备作战实验系统软件，就是将上述软件安装包准备齐全，并确保所有安装包都能正常安装。

准备实验系统软件，还要完成一项重要工作，就是弄清服务器和客户机的数量、分布位置、各自计算机名和 IP 地址，服务器还要弄清各服务器的用途定位，客户机还要弄清实验席位与客户机的对应关系。此外，还需要弄清所使用的陆军作战实验系统对软件权限控制方式，是软件安装控制还是软件使用控制。软件安装控制在实验系统软件安装时只给客户机安装有使用权限的软件，无使用权限软件则不安装，从而实现对实验系统软件权限控制。软件使用控制是在实验系统软件使用时，客户机使用人员只能根据实验身份使用对应软件，从而实现对实验系统软件权限控制。如果实验系统采取的是软件安装控制方式，则需要进一步弄清各实验席位可以使用的系统软件，从而在系统部署时根据实验席位不同为其安装有使用权限的系统软件。如果实验系统采取的软件使用控制方式，对系统安装部署影响不大，通常为所有客户端安装全部客户端软件。

二、部署陆军作战实验系统软件

陆军作战实验系统部署由实验保障人员负责完成，通常在作战实验环境准备完毕后进行，如时间非常紧张时，也可与陆军作战实验环境准备并行展开，但前提是服务器和客户机设备已准备完毕。

陆军作战实验系统常用的部署方式主要有前台逐一部署和后台分发部署两种。前台逐一部署是由实验保障人员在前台客户端，逐台客户机逐个软件进行安装部署。这种安装部署方式效率较低，尤其是在客户机数量较多时，需要较多的实验保障人员才能在较短的时间内完成陆军作战实验系统软件部署，如实验保障人员数量较少，则需耗费较长的安装部署时间，但由于陆军作战实验系统软件由实验保障人员逐个安装部署，在安装过程中可以及时发现和处理各种软件问题,确保系统软件都能安装成功。后台分发部署是由实验保障人员在服务器后台,利用软件部署管理工具统一分发安装陆军作战实验系统软件。这种安装部署方式效率相对较高,能够大幅减少实验系统安装部署工作量,只需少量实验保障人员即可在较短时间内完成实验系统安装部署,但软件安装过程中出现问题时不便于及时发现和处置,容易造成有的客户机部分软件安装不上或安装上了无法使用。而且后台分发部署方式使用有三个前提限制:①陆军作战实验系统要能支持该部署方式。由于陆军作战实验系统种类很多,设计理念差异较大,有的作战实验系统在设计研发时,就将系统软件后台分发部署考虑其中,因此,这些作战实验系统能够使用后台分发部署方式进行安装,而有的作战实验系统则不支持后台分发部署。②后台服务器要已完成部署。后台分发部署需要依托后台服务器进行分发,因此,用于分发部署的服务器必须首先完成安装相应软件部署。③前台客户端要已经安装服务软件,并能连接至后台服务器。陆军作战实验系统客户端通常采取服务方式与后台服务器建立联系,因此,使用后台分发部署方式,需要前台客户端安装上陆军作战实验系统前台服务软件,并将服务器地址设为后台服务器地址,这样从后台服务器才能看到前台客户机,才能从后台给客户机安装陆军作战实验系统软件。

在陆军作战实验实践中,究竟采取前台逐一部署还是后台分发部署方式,主要根据陆军作战实验系统自身及现实情况等来灵活确定。如陆军作战实验系统不支持后台分发部署方式,则只能采取前台逐一部署方式;如陆军作战实验系统支持后台分发部署方式,通常采取这一部署方式,但需要先配置好服务器,安装好客户端服务软件,如实验保障人员较多、实验安装部署时间较长,也可采取前台逐一部署方式。此外,如果陆军作战实验所用的计算机为实验专用计算机,只安装部署作战实验系统软件,还可采取系统克隆的方法进行系统部署,即首先为一台客户机安装部署好陆军作战实验系统软件,然后将这台客户机的系统进行备份,再将备份的系统传到其他客户机,利用系统恢复软件进行系统恢复,系统恢复完成后需要将客户机的计算机名和 IP 地址重新进行设置。

在安装基础环境软件时,需要注意其对计算机端口、进程等资源的占用或限制,避免与陆军作战实验系统模拟软件发生冲突。在安装部署时,应注意分析、检测各类服务占用系统资源情况,比如,数据库服务在大量用户同时读写数据时占用的系统 CPU 资源会急剧增加,因此,对 CPU 资源消耗严重的模拟运算服务最好分散部署。安装客户端软件需要根据不同陆军作战实验席位的需求,为用户合理组配不同的功能分系统。例如,实验领导席位需部署作战实验进程控软件,用于控制整体作战实验进程,监控显示各类战场态势、损耗情况、令报收发情况;实验红蓝方实验席位需部署方案输入软件,用于分别输入各方作战方案数据。

三、陆军作战实验系统联调联试

实验系统联调联试是确保陆军作战实验系统稳定运转的重要环节。在陆军作战实验系统安装部署完毕后,实验组织机构应组织实验系统保障人员和各实验单位对作战实验系统进行周密细致的联调联试,以发现和解决系统组配、系统运行、系统数据以及通信网络等方面的问题。通常按系统功能测试、系统整体测试和全系统预推演的步骤进行。

（一）系统功能测试

系统功能测试,是对陆军作战实验系统各项功能的正常性进行检查测试。系统功能测试是最初步的测试,是从操作层面针对陆军作战实验系统功能进行的测试,通常按照先服务器后客户机的顺序进行,服务器重点检查各项服务是否安装齐全、是否正常启动等内容。客户机重点检查是否按席位权限正确安装部署相应软件,各软件能否正常登录,各软件模块能否正常打开等内容。如时间宽裕,陆军作战实验系统功能测试通常采取由实验保障人员逐台机器逐个软件依次检查的方法。如时间非常紧张或客户机数量比较多,无法进行全部测试,作战实验系统功能测试也可采取抽样测试的方法,选取部分客户机部分功能软件进行测试,但客户机和功能软件选取应具代表性,客户机应尽量覆盖所有作战实验角色,功能软件应尽量覆盖所有作战实验软件,以便发现普遍性问题。陆军作战实验系统功能测试还可以与作战实验保障培训结合起来一并进行。

（二）系统整体测试

系统整体测试是在系统功能测试的基础上,按照作战实验系统运用流程对陆军作战实验系统进行整体测试,主要测试陆军作战实验系统客户端和服务端数据能否正常传输,各软件使用是否存在相互影响,系统软件连贯运用是否存在问题等内容。相比于系统功能测试,系统整体测试更进了一步,测试内容由单个软件功能模块转向系统整体,测试方法由单纯的软件测试转向软件带数据的测试。由于陆军作战实验系统整体测试需要带数据测试,但又不能把测试安排在输入完正式数据后进行,因此,只能使用练习数据或模拟数据。练习数据是指在陆军作战实验系统操作练习中产生的数据,如使用练习数据进行作战实验系统整体测试,可将测试与实验系统培训结合起来进行,在培训实验系统过程中,通过实验人员完成相应实验综合练习来对陆军作战实验系统进行整体测试,从而达到一举两得的目的。模拟数据是以前陆军作战实验所产生的实验数据或者根据历史实验数据进行适当调整得到的数据,使用模拟数据进行陆军作战实验系统整体功能测试,可以大幅减少数据输入量,每个环节只需输入少量数据,即可完成作战实验系统整体测试。

(三)全系统预推演

全系统预推演是指实验组织机构组织全体实验人员,按照正式实验流程,全过程、全要素进行陆军作战实验系统预先推演。一方面,可使全体实验人员熟悉自己工作,另一方面,要保证陆军作战实验系统负载达到正式推演时的极限压力,以检测实验系统的稳定性。全系统预推演通常会结合预先实验进行,一般不单独组织实施。但如果不组织预先实验,则可以结合陆军作战实验系统培训进行。全系统预推演是对陆军作战实验系统进行全面系统的测试,一般通过推演都会发现或多或少的实验系统问题,实验保障人员应注意及时收集汇总推演过程中发现的实验系统问题,对于简单个别问题,应及时加以解决;对于一些共性的问题,要认真分析问题原因,研究解决办法,在实验实施前要全部解决完毕。

第三节 陆军作战实验数据准备

陆军作战实验系统运行离不开作战实验数据,陆军作战实验开展需要作战实验数据的支撑。陆军作战实验数据准备是陆军作战实验准备阶段一项非常重要的工作,主要围绕陆军作战实验需要准备各种实验数据,以支撑陆军作战实验开展。陆军作战实验数据准备工作必须高度重视、细致开展、注重质量,才能确保作战实验数据准备扎实有效,才能为陆军作战实验开展提供全面准确有力的数据支撑。

一、收集陆军作战实验数据

收集陆军作战实验数据是陆军作战实验数据准备的第一步。首先,需要分析陆军作战实验数据需求,解决"作战实验需要哪些数据"的问题;其次,要对数据现状进行分析,掌握目前已有哪些作战实验数据,还需要收集哪些作战实验数据;最后,针对要收集的陆军作战实验数据,通过多种渠道采取多种方法展开收集。

(一)分析实验数据需求

收集陆军作战实验数据,必须首先弄清需要什么实验数据。数据需求分析就是围绕陆军作战实验对实验数据的需求情况进行分析,通过分析形成实验数据需求表。采用不同的陆军作战实验方法对作战实验数据有不同的需求。对于实验室实验来说,主要依托陆军作战实验系统进行作战实验,因此,实验数据需求分析主要依据陆军作战实验方案,并在充分考虑陆军作战实验系统数据需要的基础上进行。为确保作战实验数据需求分析的质量,分析工作通常由实验实施人员和实验保障人员共同完成。对于基于实验系统的陆军作战实验来说,通常需要的陆军作战实验数据主要有陆军作战实验基础数据、陆军作战实验条件数据和作战方案数据三大类。

陆军作战实验基础数据主要需要四方面的数据:①武器装备数据。主要需要我军与外军主要武器平台和武器系统的战技术性能数据、作战效能数据,如武器的射击范围(最大射程、有效射程或直射距离、高低射角等)、射速、机动速度,对不同目标的命中概率、射击精度等。②战场环境数据。主要需要地形环境数据、电磁环境数据、气象水文环境数据、社会人文环境数据等,如陆地标高、隐蔽性、风力、能见度、电磁场强度、战备工程等。③部队编制数据。主要需要部队级别、人员装备种类数量等。④模型基础数据。主要需要在建立模型和运行模型过程中用到的许多模型解算所必须具备的基础性质数据,如弹药使用量换算模型计算中的弹药换算系数。基础数据是支撑和维系整个陆军作战实验的基石和纽带,在陆军作战实验数据体系中起着基础的作用,是最基本层次的数据,其种类数量多,分属范畴广,准确度直接影响由其推导出的一系列数据的准确度,直接影响作战实验模型的可靠性。

陆军作战实验都是在一定实验条件下进行的。陆军作战实验条件数据,主要需要作战条件数据、目标任务数据、作战编成数据、武器装备数据、仿真时间数据等。陆军作战实验条件数据与陆军作战实验活动的目的息息相关,影响陆军作战实验活动的各个方面。

作战方案数据,是对陆军作战实验想定和作战计划进行量化的结果。根据陆军作战实验应用目的的不同,作战方案数据需求有所不同,一般需要以下内容:参战的武器类型、数量与作战编组,作战意图,作战编组及配置,工事与障碍,突击兵力、保障兵力和支援兵力的行动方法和协同动作,兵力机动与火力运用,战斗队形,战斗阶段的划分与作战时间等量化结果。

（二）分析实验数据现状

从陆军作战实验数据需求分析不难看出,陆军作战实验开展需要用到大量的作战实验数据。如果从头一点点收集作战实验数据,意味着繁重的实验数据收集任务将耗费大量的人力和时间。但实际上,很多时候陆军作战实验都是在一定的数据积累基础上进行的,作战实验所需的数据有些已有,无须再收集,因此,没有必要全部重新收集,只需将缺少的作战实验数据进行收集即可,这样可大大减少实验数据收集量,节约收集时间。

分析实验数据现状,就是依据陆军作战实验数据需求,对已有作战实验数据情况进行分析,找出还缺少哪些数据,从而缩小实验数据收集范围,明确具体的数据收集任务。由于陆军作战实验数据一般由实验管理人员统一进行管理,因此,分析数据现状通常由实验保障人员和实验管理人员共同完成。实验保障人员负责提出陆军作战实验数据需求表,实验管理人员依据实验数据需求表对管理的作战实验数据进行查看,确定已有数据和需收集数据。分析实验数据现状时,需要注意两点:①要认真细致,要对照陆军作战实验数据需求表,逐条查看,确保实验数据不会遗漏;②要注意类似数据查看,有时作战实验数据库中可能没有与陆军作战实验需求数据一模一样的数据,但可能有与作战实验需求数据类似或差不多的数据,可通过对这些数据进行改造,使其满足陆军作战实验需要。

（三）多法收集实验数据

明确陆军作战实验数据收集任务后,就要从多种途径利用多种方法展开数据收集工作,在规定的时间内完成陆军作战实验数据收集任务。陆军作战实验数据可以从训练或演习、战史战例、兵要地志等途径广泛获取。常用的陆军作战实验数据收集方法主要有上级申领、相互共享、查阅资料、咨询专家、直接选取等。上级申领,是从上级申请领取相关陆军作战实验数据,比如,作战实验地区的二维电子地图数据可以从上级地图数据主管部门申领等。相互共享,是从其他作战实验室或其他单位共享有关作战实验数据,由于每个作战实验室都会有一定的作战实验数据积累,如其中有作战实验所需的实验数据,可以通过相互协调实现数据共享。查阅资料,是从训练资料、演习资料、教材、教程、文献等资料中收集作战实验数据,尤其是训练数据、演习数据中包含大量实验数据,应重点查阅。咨询专家,是对于一些目前没有的实验数据,比如,一些作战模型的权值数据,可以通过咨询相关领域专家意见确定。前面的数据收集方法主要针对基础数据收集使用,对于陆军作战实验条件数据和作战方案数据收集,主要采取直接选取方法,就是从实验设计阶段形成的实验想定和实验方案中直接选取相关陆军作战实验数据。

二、处理陆军作战实验数据

处理陆军作战实验数据,是对从各种渠道收集到的大量陆军作战实验数据进行一定处理,使陆军作战实验数据能够使用,并能满足陆军作战实验需要。常用的实验数据处理操作主要有实验数据分类、实验数据检查、实验数据细化等。

(一) 实验数据分类

实验数据分类,是对收集到的陆军作战实验数据进行分类。通常按照数据类型将陆军作战实验数据分为实验基础数据、实验条件数据、作战方案数据三大类。实验基础数据又分为武器装备数据、战场环境数据、部队编制数据、模型基础数据。实验条件数据又分为敌情条件数据、我情条件数据、环境条件数据。作战方案数据又分为决心数据、计划数据、行动数据。上述陆军作战实验数据分类只是常见的一种分类方法,实验人员还可根据个人需要选择别的分类方法,并可以将分类进一步细化。通过数据分类,实现将收集到的大量陆军作战实验数据分门别类放到一起,从而为后续陆军作战实验数据操作打下良好的基础。

(二) 实验数据检查

实验数据检查,是对收集到的陆军作战实验数据的全面性和准确性进行检查。全面性检查主要依据陆军作战实验数据收集任务,对比检查所收集的陆军作战实验数据是否齐全、有无遗漏。准确性检查是对陆军作战实验数据的准确性进行检查,看是否存在不正确、不典型、陈旧的数据。对于数据全面性检查中发现的遗漏陆军作战实验数据,应转入陆军作战实验数据收集环节,进行数据收集。陆军作战实验数据收集完成后,应检查确认陆军作战实验数据已齐全。对于陆军作战实验数据准确性检查中发现的数据错误问题,应及时删除存在问题的作战实验数据,并对数据问题原因进行分析,如确认属于数据收集造成的问题,则应转入实验数据收集环节进行重新收集。

(三)实验数据细化

陆军作战实验数据检查完毕后,应对作战实验数据的颗粒度进行分析,看是否满足陆军作战实验及实验系统的需要,如不满足,则需对陆军作战实验数据进行进一步细化。一方面,陆军作战实验的层次决定作战实验数据的颗粒度,比如,陆军分队实验要求部队编制最小要到排,而陆军战役作战实验则要求部队编制到营或连即可。另一方面,陆军作战实验的内容也会影响作战实验数据的颗粒度,比如,在作战实验中要体现桥梁对部队通行的影响,则需要桥梁的详细数据,而如果无须体现桥梁影响,则只需要桥梁的长度即可。此外,陆军作战实验系统也对作战实验数据的颗粒度有一定要求,比如,在陆军作战实验系统中要输入某战斗编组的任务,需根据任务模板中数据要素进行输入,但实际作战方案中对战斗编组任务描述往往比较定量宏观,这时就需要对其进行细化,才能将任务输入实验系统中。

三、输入陆军作战实验数据

输入陆军作战实验数据,是将收集到的陆军作战实验数据输入到陆军作战实验系统中,但并不是输入所有作战实验数据,通常在陆军作战实验准备阶段主要输入的是作战实验基础数据,而作战实验条件和作战方案数据通常放在陆军作战实验实施阶段输入。陆军作战实验基础数据输入既可由实验保障人员负责完成,也可在实验保障人员协助指导下由实验实施人员完成。实验条件和作战方案数据输入则通常由实验实施人员负责完成。

常用的陆军作战实验数据输入方式主要有三种:逐项输入、批量导入和现有调整。逐项输入,就是将陆军作战实验数据逐项输入到陆军作战实验系统中,这是最常规的一种输入方式,需要耗费较长的时间。批量导入,是利用陆军作战实验系统的批量导入功能将作战实验数据批量导入到实验系统中,但批量导入会对作战实验数据格式有所要求,因此,使用批量导入功能前必须检查作战实验数据的格式,确认与陆军作战实验系统要求格式一致,否则会出现数据导入失败的问题。现有调整,是利用现有数据,通过对其进行部分调整实现输入数据的目的,比如,要输入某部队编制,可利用陆军作战实验系统中与该部队人员装备比较类似的另一支部队数据,通过对部队番号、人员、装备数量等进行调整,即可完成输入。现有调整主要适用于那些有类似数据的作战实验数据输入。

第四节　进行预先作战实验

预先作战实验又称为"预实验"或"预备实验",是在正式作战实验前进行的非正式作战实验,是对陆军作战实验正式实施进行的一场预演和测试,旨在发现作战实验计划中存在的漏洞,以便修改和完善作战实验计划,为正式作战实验提供科学依据和参考。预先作战实验是陆军作战实验取得成功的重要保证。

一、预先作战实验的内容

预先作战实验的主要内容有测试作战实验基本系统、测试作战实验要素和测试作战实验计划。

（一）测试作战实验基本系统

对陆军作战实验基本系统进行预测试是一项基础性工作。陆军作战实验的基本系统包括作战实验环境、作战实验系统、通信网络、作战实验人员、数据库及后勤保障等。作战实验需要利用足够的时间对陆军作战实验系统进行彻底检查,使用作战实验工具对基础系统进行测试,确保系统能够正常运转和正常的互操作。陆军作战实验系统的测试强度必须达到,甚至超过正式作战实验的强度,因为以前曾经有过许多经验教训。比如说,某项作战实验在预测试期间用 n 个节点对实验基本系统进行测试,得到了满意的结果,但在作战实验期间用 m 个节点对实验基本系统进行作战实验时,系统却出现了问题。

（二）测试作战实验要素

除对陆军作战实验的基本系统进行整体测试外,预先作战实验还需要对陆军作战实验各构成要素进行测试。通常组织一个模仿正式作战实验的小型实验来完成。对于预先作战实验,同样要设计好数据采集工作,以便能够提供实际作战实验所需要的全部数据,还要使用同样的陆军作战实验想定,用于预先作战实验的对象也要与实际对象具有相同的特性。预先作战实验的对象与正式作战实验对象的相似度越高,预先作战实验的数据就越真实、可靠。要把预先作战实验对实验的改善措施,反馈到真实的陆军作战实验计划中,使真实的计划更为细致、科学、合理和有效。真实的陆军作战实验计划是具有开放性的计划,在预先作战实验和实际作战实验中,能够根据实际情况不断变化和改进,以满足陆军作战实验有效性的需要,保障陆军作战实验取得预期的效果。

(三)测试作战实验计划

由于做好作战实验计划和准备后,并不一定就能保证陆军作战实验获得成功。因此,在正式作战实验前,实验人员仍需密切关注陆军作战实验的预先执行和测试。就像一旦战争开始,并不是所有的作战计划都能成功一样,一旦陆军作战实验开始,即使最严密的作战实验规划,在真实的作战实验环境和条件下,也不是所有的作战实验计划都能取得成功。实验人员一方面要对作战实验过程中可能遇到的各种各样的问题有足够的思想准备,另一方面要提前开展陆军作战实验的预演和预测试。

二、预先作战实验的方法

预先作战实验有导向性作战实验、观测性作战实验、筛选性作战实验和决定性作战实验等类型,每种类型作战实验的目的有所不同。导向性作战实验是一种小规模作战实验,目的是对假设进行实验,以判定是否有必要做大规模的验证实验。观测性作战实验也是一种小规模的作战实验,目的是搜集所需要的数据,为修改陆军作战实验设计提供必要的资料。筛选性作战实验是对大量的观察对象所做的一种比较简单快速的作战实验,旨在确定其中哪些指标需要进一步作战实验。决定性作战实验是在分项作战实验或大型正式作战实验之前,进行的一个总的关键性作战实验,用以检验假设的正确性。经过预先作战实验或决定性作战实验,达到了作战实验方案中的预期效果,便可以进行正式作战实验,否则,就得放弃原定的假设,停止做进一步作战实验。

根据实际条件和需要,预先作战实验按照上面所述的不同类型,可以采取与正式作战实验相同的方式组织实施,以保证正式实验的顺利实施。若条件受到限制或有特殊需求,也可采取与正式实验不同的方式组织实施。通过预先作战实验,可以让陆军作战实验人员熟悉内容、程序、方法和规则,检查各种场地、保障、系统、网络等设施的运行情况。

三、预先作战实验的要求

尽管预先作战实验比正式作战实验规模要小很多,其所涉及的实验装备、实验对象、观察者和实验设施比正式作战实验的数量要少,但也必须完善和健全能够执行正式作战实验的所有程序或关键过程。应该在陆军作战实验前制定预先作战实验的时间表,以便有足够的时间诊断出现问题的根源,提供有效的解决方案。同时,能有时间实施修正后的预先作战实验计划,能再次进行一定范围的测试,以确定在上一次预先作战实验过程中发现的问题已经得到解决。还要注意对作战实验的主体、观测者、控制者和其他参与人员进行预先作战实验培训,以使作战实验人员能够具备所需的实验技能,胜任预先作战实验工作。

预先作战实验完毕后,应对预先作战实验的结果进行分析研究,确定是否可以进行正式作战实验。如果经过预先作战实验,达到了作战实验方案中的预期效果,便可以进行正式作战实验,否则,就得放弃原定的假设,停止做进一步作战实验。此外,还需要对预先作战实验过程中发现的问题进行梳理汇总,并据此对作战实验方案计划等相关内容进行修改完善。

概括起来,预先作战实验过程中可能发现的问题主要有四方面:①作战实验实施计划方面的问题。主要有计划安排不够科学、合理,计划内容不够全面、细致,计划分工不够清晰、明确等。比如,在预先作战实验时,发现作战实验实施计划的时间安排不够合理,个别工作安排时间较短,完成难度较大,而部分工作安排时间则较长,造成作战实验过程比较松散、不够紧凑。②作战实验系统方面的问题。主要有作战实验系统运行不够稳定,作战实验系统部分模型和基础数据存在失真现象,作战实验系统数据输入不够准确,作战实验系统操作不够熟练,运用不够全面等。比如,在预先作战实验时,发现陆军作战实验系统中部分武器装备的性能参数和实际性能指标存在一定出入。③作战实验设计实施方面的问题。主要有作战实验变量选择不够合理,作战实验人员数量不能满足需要,作战实验数据采集不够全面,作战实验效果不够理想等。④其他方面的问题。主要有计算机、投影、音像等硬件设备故障,通信网络故障等。

进行预先作战实验后,陆军作战实验组织者应及时组织实验实施人员、实验保障人员召开会议,收集预先作战实验中发现的各方面问题,进行认真梳理汇总,形成问题清单,逐条分析问题产生的原因,研究解决措施,明确由谁来负责解决问题以及何时解决完问题。对于短时间内难以彻底解决的问题,必须采取一定的措施,来削弱该问题可能对陆军作战实验的影响。比如,预先作战实验中发现陆军作战实验系统的某个模型模拟存在失真,短时间内又无法对该模型进行重新构建,这时可测算模型失真程度,据此人工修正模型模拟结果。只有等预先作战实验中发现的问题全部解决完毕后,才能转入正式作战实验实施阶段。

第七章 陆军作战实验实施

陆军作战实验实施是在完成作战实验准备后,由实验实施人员按照作战实验计划组织进行陆军作战实验活动、获取作战实验结果数据的过程,是陆军作战实验的关键环节。陆军作战实验实施方法是否科学高效,直接影响陆军作战实验的进程和质量。不同方法的陆军作战实验,其实施过程也不完全相同。本章重点研究基于实验系统进行陆军作战实验的实施过程。由于依托实验系统进行陆军作战实验的方式主要有"人不在环"作战实验和"人在环"作战实验两种,这两种作战实验方式的实施过程有所不同。因此,这里分别对"人不在环"作战实验和"人在环"作战实验进行研究。

第一节 "人不在环"陆军作战实验

"人不在环"陆军作战实验是以静态作战实验或动态作战实验方式对相应作战实验条件下的陆军作战方案进行模拟仿真,评估陆军作战方案和作战行动的效能和效果,从而得出各种陆军作战实验数据。

一、设置陆军作战实验条件

每次"人不在环"陆军作战实验,都需要一定的作战实验条件。设置陆军作战实验条件就是利用陆军作战实验系统的实验条件设置功能对陆军作战实验所需的各种条件进行设置,内容主要包括环境条件、敌情条件和我情条件等。

(一)设置环境条件

环境条件设置,是对陆军作战实验所在区域的战场环境条件进行设置,由实验人员利用陆军作战实验系统的实验环境设置功能完成,内容主要包括地理环境设置、气象水文环境设置、电磁环境设置等。地理环境设置,主要是选择作战实验地区,设置作战实验地区各种地图数据,为作战模拟仿真提供战场地理环境条件。气象水文环境设置,主要设置潮汐数据,日出日落时间,阴晴雨雪雾的地域、时间和强度,温度、湿度、风向、风速的地域、时间和强度等数据。电磁环境设置,主要设置民用电台、雷达的位置,电台工作特征(工作频率、工作频段、工作制式、调制方式)、雷达工作特征(工作频段、工作体制)、民用电力设施电磁特征等数据。

(二) 设置敌情条件

敌情条件设置,是对陆军作战实验所需的敌情条件进行设置,由实验人员利用陆军作战实验系统的敌情条件设置功能完成。不同的陆军作战实验,所需的敌情条件也不尽相同,比如,要进行炮兵火力打击效能实验,则敌情条件只需输入火力打击目标即可;但要进行作战方案实验,则敌情条件需要把敌方的行动方案全部输入到作战实验系统中。由此不难看出,敌情条件设置主要依据具体作战实验内容来确定,有的比较简单,有的则相对复杂。敌情条件设置最复杂的就是输入整个敌方行动方案,主要包括作战部署、作战阶段、情况预想、作战行动等。需要说明的是,这里的敌方行动方案,并不是敌方实际的行动方案,而是由我方根据当前敌情,结合敌方的作战原则、作战运用等,设想的敌方可能采取的行动方案。

(三) 设置我情条件

我情条件设置,是对陆军作战实验所需的我情条件进行设置,由实验人员利用陆军作战实验系统的我情条件设置功能完成,主要设置实验部队上级或友邻的决心部署或行动方案。不同的陆军作战实验,我情条件设置的内容也不是固定不变的,主要依据作战实验内容需要而定,但并不是所有作战实验内容都需要设置我情条件,只有作战实验内容评估指标中含有"符合上级意图"或评估需要用到上级或友邻有关内容时才需要设置我情条件,比如,对某一部队主攻方向的评估,评估指标中就有一项是"符合上级意图",这时就需要在我情条件中设置上级的主攻方向。

二、输入陆军作战方案数据

输入陆军作战方案数据,是利用陆军作战实验系统的实验方案输入功能,将陆军作战实验方案数据输入到实验系统中,为接下来进行陆军作战模拟推演和方案评估提供数据支撑。陆军作战方案数据输入需要在作战实验条件数据设置完毕后进行,通常由实验实施小组负责完成。

（一）作战方案输入内容

作战方案是根据作战实验条件制定的首长作战构想、决心要素以及作战行动和保障方案（计划）,是陆军作战实验的具体对象。作战方案既可以是综合的,如合成指挥员的作战方案;也可以是单要素的,如陆军炮兵力量的部署和行动（保障）方案等。

输入作战方案前,首先需要将作战方案按照陆军作战实验系统的内容格式要求,细化、量化作战方案数据,使作战方案实现由虚变实、由粗变细的转变。以往,军事人员对作战方案的记述基本原则是笼统的文字描述,其兵力部署和主要作战力量的运用是否体现战法,难以量化评估。而运用数据化手段量化作战方案后,迫使指挥员对作战方案的确定和描述必须由虚变实。比如,"火力主战"战法必须明确对敌目标毁伤数量比例、平均毁伤程度、敌战斗力下降程度等。过去,作战方案所作的情况预想比较概略粗放,而进行数据化以后,迫使指挥员对作战全过程可能出现的情况作出全面预判和设想,并给出具体细化的敌方、我方态势数据,从而为制定翔实精确的行动方案提供依据。

作战方案数据是对首长战斗构想、战斗决心和作战计划进行数据化的结果,是确保作战实验成效的关键。通常包括以下内容:战斗目的数据,如进攻战斗目的,包括夺占的地区、歼敌地域、歼敌指标等;战斗编组数据,如各战斗编组的人员数量、武器配备、通信设备、指挥关系等;战斗部署数据,如各战斗实体的初始位置坐标、初始状态、部署形状等;工事与障碍物数据,如永备工事和野战工事的防护等级、雷场位置、布雷类型与数量等;作战行动数据,如作战阶段划分、火力组成以及各战斗实体的机动开始时间、机动路线、展开位置、攻击目标等。

输入作战方案的时机应选择恰当,通常选择在完成作战实验基础数据、条件数据准备以及作战实验系统培训后进行。一方面,由于输入作战方案需要依赖基础数据和条件数据,所以输入作战方案的前提,必须将基础数据和条件数据输入到陆军作战实验系统中;另一方面,由于输入作战方案的内容较多,操作方法比较复杂,因此,输入作战方案前,必须进行作战实验系统培训,使实验人员熟练掌握作战实验系统操作方法,以确保方案输入的正常进行,提高输入速度。

(二)作战方案输入方法

作战方案输入通常由实验实施人员在实验系统保障人员的指导下,按照陆军作战实验系统的内容输入要求逐项进行输入,但由于作战方案输入内容较多、工作量较大,因此,当作战方案输入人员数量较多时,可将输入内容进行区分,采取并行输入的方法进行输入,以提高输入效率。在进行作战方案输入内容分工时,需要注意部分内容的输入有先后顺序,这些先后关联的内容应尽量分配到同一个人,避免出现一个人不输入某一内容,另一人便无法输入的情况;如分配给不同的人,则应事先明确输入顺序,由输入顺序靠前的一人先完成输入,然后输入顺序靠后的另一人再开始输入。

作战方案输入既可采取一次性整体输入法,也可采取多次分批输入法。所谓一次性整体输入法,是指一次将作战方案的所有内容全部输入陆军作战实验系统,然后进行作战实验。所谓多次分批输入法,是指一次只输入作战方案的部分内容,然后进行作战实验,再输入部分内容再进行作战实验,直至将作战方案内容全部输入到实验系统中。一次性整体输入法的优点是作战方案数据集中输入,使数据输入与作战实验相对分离,作战实验实施的连贯性较好;缺点是一旦作战方案中存在问题,将可能导致作战方案后面内容无法进行作战实验,并且作战实验问题查找较复杂。例如,作战方案推演中,工兵无法按时开辟通路,则地面攻击分队无法通过前沿障碍物,后续攻击行动无法进行实验。多次分批输入法的优点是每次只输入部分内容,输入工作量较小,且输入完后随即进行作战实验,由于作战实验内容较少,便于关注该作战实验内容的实验结果,也便于快速查找作战实验存在的问题,有利于快速修改作战方案。其缺点是需要多次输入作战方案数据,作战实验实施的连贯性不够好,并且作战实验统筹协调较复杂。

根据作战方案的有无以及量化程度的不同,作战方案输入可分为三种情况:第一种是有作战方案,且作战方案已经按照陆军作战实验系统要求进行细化量化。这种情况下,作战方案输入最简单,只需将作战方案数据逐一填入陆军作战实验系统即可。第二种情况是虽然有作战方案,但作战方案未进行细化量化。这种情况下,作战方案输入相对复杂,需要边输入作战方案边进行细化量化。第三种情况是无作战方案,需要边输入边实验,最后形成完整的作战方案。这种情况下,作战方案输入最复杂,需要先构想作战方案内容,再进行输入,而且,作战方案内容需要反复调整,多次修改输入。在第一种和第二情况下,通常由实验人员决定是采取一次性整体输入法,还是多次分批输入法。在第三种情况下,通常采取多次分批输入法。

(三) 作战方案输入要求

为确保作战方案输入的速度和质量,在作战方案输入时,应注意以下三方面的问题:①要注意内容的输入顺序。陆军作战实验系统在设计时,部分内容存在先后顺序,比如,"战斗阶段划分"和"火力组成"两项内容输入,需要先输入"战斗阶段划分"内容,再输入"火力组成"内容。对于这些存在先后顺序的内容,必须按照输入先后顺序要求按顺序进行输入。②要注意数据要素格式。陆军作战实验系统的每项内容通常由多个数据要素组成,这些数据要素有的属于必输项,有的属于可输项。必输项数据要素必须全部输入,否则该内容将无法实验。可输项根据实际情况适情输入,如有则输入,如无则可缺省。在数据要素输入时,需要注意数据要素的格式,按照格式规范准确输入。比如,要看清楚消耗弹药数量的单位是发还是基数。③要注意输入检查备份。为确保作战方案准确完整输入,在作战方案输入完毕后,应对作战方案内容输入进行检查。主要检查是否有漏输内容,各输入内容是否按照格式准确输入。另外,作战方案输入过程中,应注意不定时备份数据,以免出现因陆军作战实验系统故障导致数据丢失的情况。

三、进行作战模拟仿真实验

陆军作战方案数据输入完毕并检查确认无误后,即可利用陆军作战实验系统进行作战模拟仿真实验,主要分为静态作战实验和动态作战实验两种。

(一) 静态作战实验

1. 静态作战实验原理

静态作战实验,是指采用指标比对方法对实验对象进行的作战实验。其实验原理:根据陆军作战实验对象特点,建立实验指标体系,预置各项指标的标准值;计算统计实验对象属性数据;比对标准值与属性值;比对结果进行综合,综合结果即为作战实验结果。该作战实验方式适宜对首长决心、作战计划等有明显指标特征的对象进行初步的概略实验。

2. 静态作战实验方法

由于静态作战实验主要采取对比计算的方法,没有作战行动过程的模拟,而且作战实验指标、作战实验标准和作战实验模型等均已内置在陆军作战实验系统之中,因此,利用作战实验系统进行静态作战实验的操作方法比较简单,实验人员只需完成相应实验内容输入,即可利用陆军作战实验系统的评估分析功能快速完成静态作战实验。需要注意的是,由于陆军作战实验系统内置的作战实验指标有时很多,而每次陆军作战实验所用到的作战实验指标又不尽相同,因此,陆军作战实验系统通常会提供作战实验指标的定制选择功能,陆军作战实验人员进行静态作战实验之前,可根据需要选择此次实验所需的作战实验指标。作战实验指标选择完毕后,陆军作战实验系统仅对已选择的作战实验指标进行评估,未选择的作战实验指标则不再进行评估。

3. 静态作战实验结果

静态作战实验结果主要通过指标结果树的方式进行显示,并以列表、状态栏、图形式、开窗、表格输出等形式辅助显示作战实验结果。作战实验人员通过指标结果树可以查看整体作战实验结果,并可逐级展开查看,通过每项实验指标前面的状态指示灯可以一目了然看出各项指标的达标情况。选中某项作战实验指标后,实验人员可以查看该项指标的作战实验标准、作战实验结果,查找未达标指标不符合标准的原因。当作战实验指标涉及面积、距离、数量等内容时,可在图上进行辅助显示。比如,在评估主攻方向是否合理时,有一项评估指标是"与敌主要防御方向区域重合率",选中该评估指标后,则可在图上直观显示出我主要进攻方向与敌主要防御方向的重合情况,从图上可以很容易看出我主要进攻方向是否避开了敌主要防御方向。静态作战实验结果查看完毕后,可以利用陆军作战实验系统将作战实验结果以表格形式全部输出。

(二)动态作战实验

1. 动态作战实验原理

动态作战实验是采用过程推算方法对实验对象的行动过程进行逐步推算才能得到实验结果的作战实验。其实验原理:根据作战条件,首先建立初始态势;启动行动过程,观察记录行动数据;逐步推算,调整影响因素,再推算、再记录;完成整个行动过程推算后,进行整体统计分析,得到作战实验结果。该作战实验方式适宜对作战计划、协同计划等进行具体、详细的过程推演。

2. 动态作战实验方法

动态作战实验主要采取动态模拟仿真的方法,需要先进行模拟仿真生成实验结果数据,然后再依据数据进行作战实验评估。因此,运用陆军作战实验系统进行动态作战实验的方法,分为两步:第一步,利用陆军作战实验系统的模拟仿真功能对作战行动方案进行模拟仿真,并保存模拟结果数据。作战行动模拟过程由决策点来驱动,可以实现自动控制,人无须进行指令操作,只需进行观察即可。第二步,利用陆军作战实验系统的评估分析功能,调用模拟仿真的结果数据,并依据内置在实验系统中的动态作战实验指标体系和评估模型,对作战行动过程和效果作出评估。同静态作战实验一样,动态作战实验指标体系也可根据作战实验人员需要进行个性化选择,从而实现对特定内容的实验评估。

3. 动态作战实验结果

动态作战实验结果主要体现在两个方面:一是行动模拟效果;二是作战实验评估结果。行动模拟效果主要在作战行动模拟仿真过程中进行观察,既可观察行动的过程,又可观察行动的效果。行动过程观察可以通过部队实体的位置变化、状态调整、行动指示、行动报告等进行观察,主要观察输入的作战行动指令是否执行,执行过程是否顺利。行动效果观察可通过部队实体实力变化、目标实体实力变化、状态变化、战损战果等进行观察,主要观察作战行动是否达到预期作战效果。作战实验评估结果主要利用动态作战实验指标树方式进行显示,辅以列表显示、指示灯显示、图上显示、图表显示、开窗显示等方式。与静态作战实验结果观察的方法类似。既可通过指标树整体查看作战实验结果,又可根据需要进行分层或分项查看。既可查看作战实验指标的评估标准,又可查看作战实验指标的实验结果。动态实验结果查看完毕后,可以利用陆军作战实验系统将实验结果以表格形式全部输出。

第二节 "人在环"陆军作战实验

"人在环"陆军作战实验,是由陆军作战实验实施人员编成红蓝双方指挥机构,依据职能分工及作战指挥流程,并按照各自的作战任务和作战方案进行对抗推演,从而获取作战实验数据并对作战方案或行动方案进行评估分析。

一、设置陆军作战实验条件

"人在环"作战实验同样需要一定的作战实验条件,通常利用陆军作战实验系统的实验条件设置功能对陆军作战实验所需的各种条件进行设置,内容主要包括环境条件、初始条件等。

（一）设置环境条件

"人在环"作战实验所需的环境条件与"人不在环"作战实验所需的环境条件是一样的，其设置方法及设置内容都是相同的，因此，这里不再赘述，具体可参见本章第一节有关内容。

（二）设置初始条件

初始条件设置，是对对抗推演初始时红蓝双方的条件进行设置，由实验组织人员利用陆军作战实验系统的实验条件设置功能完成，内容主要包括红蓝方初始态势设置、初始实力设置、初始阶段设置、初始时间设置等。红蓝方初始态势设置，主要设置对抗推演开始前红蓝双方部队实体的作战部署、初始状态等。红蓝方初始实力设置，主要设置对抗推演开始前红蓝双方各部队实体的实力，包括人员种类数量、武器装备种类数量、弹药物资种类数量等。初始阶段和初始时间设置，主要设置对抗推演从哪个作战阶段什么时间开始。初始条件设置的主要依据是作战实验想定和作战实验方案计划。

二、输入陆军作战计划指令

陆军作战计划指令是在对抗推演前依据行动方案计划事先输入到陆军作战实验系统中的行动指令。这些计划指令都设置有执行单位、执行时间，对抗推演开始后，当推演时间到达指令执行时间，指令执行单位即开始自动执行相应指令，这样可在一定程度上减轻对抗推演过程中对部队实体进行指挥控制的工作量。

（一）陆军作战计划指令的类型

从陆军作战实验系统角度，所有行动指令均可作为计划指令输入，作战实验系统通常不加限制。但是并不是所有的作战行动指令，都适合作为计划指令。只有那些在对抗推演初始阶段，且执行时间较为固定的行动指令，才适合作为计划指令事先输入。因为对抗推演初始阶段，双方态势还未发生大的变化，因此，一些按照时间计划的作战行动能够达成。如果输入的计划指令在对抗推演中后段执行，那时战场态势已发生较大变化，计划指令很有可能无法执行，那么计划指令输入也成了无用功。由于每次对抗推演的初始态势不尽相同，因此，究竟哪些指令可以作为计划指令,也取决于对抗推演的初始态势。比如,如果对抗双方初始距离很远,则不宜将攻击指令作为计划指令输入;但如果对抗双方初始已经接触,则可以将攻击指令作为计划指令输入。常用的计划指令主要有机动指令、炮兵火力打击指令、空中侦察指令、电子干扰指令、航空兵空中火力突击指令等。

(二)陆军作战计划指令输入的方法

由于陆军作战实验系统已经将所有常用的行动指令内设在实验系统之中,并对指令进行了数据化,形成了指令模板。因此,输入计划指令的方法比较简单,作战实验人员只需依据作战计划或行动方案从指令列表中选要输入的行动指令,打开选中行动指令的模板输入界面,然后按照指令模板的内容要素依次输入即可。通常要输入的计划指令不止一条,有时甚至很多条,如果时间允许,一般按照实验角色分工,分头并行输入。如果某些实验人员的计划指令输入任务较重,而时间又比较紧张,可以临时调整部分实验人员帮助其输入,以确保计划指令输入按时完成。

(三)陆军作战计划指令输入的注意

作战计划指令输入直接影响后续对抗推演。因此,在计划指令输入时,应注意以下问题:①注意计划指令内容输入的完整性。每个指令模板都由若干个内容要素组成,这些内容要素可分为必输项和可输项,通常系统会以特殊标识对必输项内容进行标识,比如,在必输项内容前用"*"予以标识。所谓必输项,是指必须输入的内容要素,如果输入缺项将导致指令无法执行。所谓可输项,是指可选择输入的内容要素,这些内容如果知道可以输入,不知道可以不输入,这些内容项不输入也不会影响指令执行。②注意计划指令中内容的数量单位。计划指令中有些要素内容有数量单位,比如,弹药数量有发数和基数两种数量单位,输入时一定要看清楚数量单位是什么,再输入相应数量,否则会出现很大偏差。③注意对计划指令输入情况进行检查。在每一条计划指令输入完毕后,指令输入人员应对该指令输入的内容进行检查,确认无误后再保存。双方计划指令输入的负责人,应在所有计划指令输入完毕后,对所有输入的计划指令进行全面整体检查,主要检查计划指令条数是否有缺失,内容是否完整、是否符合作战计划或行动方案等,如发现问题应及时指示相关人员对计划指令进行完善,最终确认无误后才可转入实施对抗推演环节。

三、实施模拟对抗推演实验

"人在环"作战实验主要以模拟对抗推演的方式实施,具体实施方法可分为"人—人"对抗推演实验和"人—机"对抗推演实验两种。但受限于相关技术的发展,目前"人在环"作战实验实践还主要以"人—人"对抗推演为主。因此,这里主要研究"人—人"对抗推演实验实施。

（一）对抗推演实验的方式

根据对抗推演信息是否透明,"人—人"对抗推演实验可分为"面对面"的对抗推演实验和"背靠背"的对抗推演实验。对于论证实验而言,通常是研究性的对抗推演,因此常采用面对面的对抗推演实验方法。

陆军作战实验的对抗推演有些类似于演习活动的对抗推演,但两者相比,在实施方式上还是有多处不同：①演习活动的对抗推演通常连贯实施,而陆军作战实验的对抗推演实施比较灵活,既可连贯实施,也可按作战阶段分段实施或按回合实施。②演习活动的对抗推演通常只进行一次,而作战实验的对抗推演次数根据作战实验需要确定,既可以进行一次,也可以进行多次。③演习活动的对抗推演强调对抗的整体性即全部兵力的全面对抗,而作战实验的对抗推演既可以是整体对抗,也可以是部分兵力的局部对抗。④演习活动的对抗推演通常采取"背靠背"的推演方式,而作战实验的对抗推演既可以采取"背靠背"的推演方式,也可以采取"面对面"的推演方式。

对抗推演类似于"人不在环"作战实验中的动态作战实验环节,都是采取作战模拟仿真的方法进行作战实验,都是先进行模拟仿真,产生结果数据,然后再利用结果数据进行评估分析,所不同的是对抗推演过程中需要人输入行动指令才能实现动态推演,而动态作战实验则是将所有行动指令在作战实验前全部输入完毕,实验过程中不再输入行动指令。

（二）对抗推演实验的过程

对抗推演实验实施,是在实验组织领导下,扮演红蓝双方指挥人员的作战实验人员按照作战方案计划,结合战场情况研判,依托陆军作战实验系统指挥控制各自部队行动,进行模拟对抗,直至实验组织者认为可以结束时为止。由此可以看出,对抗推演实验过程中主要工作有全面掌控战场情况、按计划指挥部队行动、做出情况处置、调控部队行动等。

1. 全面掌握战场情况

在对抗推演全过程,对抗双方应不间断收集掌握战场情况,包括敌情、我情以及战场环境变化情况等,主要利用陆军作战实验系统提供的图上查阅、简报浏览和数据统计功能完成。

(1) 图上查阅,就是利用陆军作战实验系统的战场通用态势图了解掌握战场敌我情况变化。作战实验系统能够将战场情况迅速汇合,经过计算机处理,实时形成战场态势图,包括地面态势图、空中态势图和电磁态势图。其中,地面态势图主要根据各作战实体输入的战场信息自动形成。双方实验人员通过适时刷新战场态势图,动态感知地面、空中、电磁态势变化,实时观察掌握整个战场情况的发展变化,及时了解当面敌情的最新变化和各作战单元的行动进展,以及各部(分)队的位置、状态、实力等情况。

(2) 简报浏览,就是通过浏览调阅陆军作战实验系统接收到的各部(分)队行动的简报,了解各部(分)队作战任务的执行情况,掌握其行动进展情况。

(3) 数据统计,就是通过陆军作战实验系统战况统计功能,实时了解掌握各部(分)队人员和装备实力情况、伤亡战损情况和部队的整体作战能力。

2. 依计划指挥部队行动

由于作战方案计划都是依据一定的情况预想制定的,当战场情况按照情况预想发展变化时,则应依据作战方案计划指挥控制部队行动。指挥控制部队行动,通过给部队下达行动指令方法实现,主要利用陆军作战实验系统的指令输入功能完成。行动指令输入是对抗推演过程的重要步骤和主要工作,没有行动指令输入,便没有对抗推演,更没有双方作战行动的交互与结果。在对抗推演过程中,无论采取什么样的推演形式和方法,双方都离不开行动指令的输入。对抗推演过程中输入的行动指令通常称为临机指令。临机指令与计划指令输入使用的是同一个指令集,相同行动指令输入的内容要素也相同。不同的是,计划指令输入在对抗推演未启动的情况下进行,而临机指令则通常是在对抗推演过程中输入,因此,对临机指令输入速度的要求要高于计划指令输入,或者要特别注意指令执行时间选择,避免出现指令下达时刻已超过设置的指令执行时间,造成行动指令无法执行的情况。临机指令下达后,要及时关注指令执行情况和执行效果,以便对行动进行及时调整或下达新的行动指令。

3. 作战行动模拟

作战行动模拟由陆军作战实验系统自动完成,当接收到作战实验人员下达的行动指令后,陆军作战实验系统会自动调用相应行动模型,驱动模型引擎对相应行动进行模拟,主要模拟作战行动的过程和效果。陆军作战实验系统可对陆军各种作战和保障行动进行模拟,行动执行单位在作战实验系统中通常称为实体。

行动过程模拟主要体现在三个方面:①利用行动简报模拟实体向上级报告正常行动情况、无法执行指令情况、行动过程中意外情况。正常行动情况报告主要报告实体接收到行动指令、实体开始执行行动指令、实体完成行动指令等情况。无法执行指令情况报告主要报告实体因何种原因无法执行行动指令的情况,比如,缺少执行相应行动所需的武器装备、弹药等。行动过程中意外情况报告,主要报告实体在行动过程中遇到的各种意外情况,比如,在实体机动过程中遇到敌炮火袭击,实体会自动报告在什么位置遭敌炮火袭击以及人员、装备损失情况。②利用队标变化模拟行动状态变化。比如,给机动中的某一步兵实体下达攻击指令后,该步兵实体的队标会由机动队标变成攻击队标,表示该实体由机动状态转入攻击状态。③用指令执行时间模拟行动执行时间。有些行动指令实体收到指令后,需要进行一定的准备才能执行,以此来模拟实体行动准备时间。

作战行动效果模拟主要体现在两个方面:①利用图形示意有关作战效果。比如,陆航火力突击时会在突击目标身上显示火力突击符号,表示陆航实体正对该目标实施火力突击。②利用实体实力变化模拟作战效果。比如,实体遭对方火力突击后,其实力会下降,通过实力下降程度表征火力突击效果。

4. 做出决心处置

在对抗推演过程中,当战场情况发生重大变化、己方战斗行动受到重大挫折,或者战斗行动进展顺利,原有决心已不适合战场实际时,指挥员需要做出决心处置。决心处置前,首先需要对搜集掌握的战场情况进行分析判断,形成情况判断结论,内容主要包括敌方当前态势、主要手段、行动企图和己方部队的态势、伤亡损耗及对而后行动的影响等。在分析判断情况的基础上做出情况处置,内容主要包括行动单位及任务、行动顺序和打法等。

5. 调控部队行动

当对实体战斗行动做出处置或因战场情况变化,改变原行动方案定下新的决心时,实验人员应依据决心和处置方案及时向系统输入"干预命令",协调控制实体行动。之所以称为"干预命令",是因为该类命令主要是对实体行动进行干预调整。"干预命令"与临机指令的输入方法和要求相同,这里不再赘述。调控部队行动又分为当前行动调整和后续行动调整。当前行动调整是对当前正在执行行动进行调整,包括改变行动路线、变更行动目标、转换行动状态等。后续行动调整是对后续行动进行调整,改变原来作战计划中的后续行动,包括调整行动力量、改变行动类型、改变行动目标等。

（三）对抗推演实验的结果

对抗推演实验的结果主要体现在两个方面:①战场态势变化。随着对抗推演的进行,战场态势会不断发生变化,对抗推演过程可通过态势信息实时查看指挥和行动结果,也可通过战损统计功能对指定时间内、指定单位的战损战果进行统计分析。对抗推演结束后,可通过战场态势回放功能,回放整个对抗推演过程,详细观察战场态势变化情况,辅助分析作战效果。②实验评估结果。对抗推演结束后,要利用陆军作战实验系统的评估分析功能,对整个对抗推演情况进行评估,给出评估结果。对抗推演实验评估结果可以依据评估指标体系,整体查看或逐级逐层查看,直至每项具体评估指标。评估结果展现方法也很多样,有图上显示、表格、文字等。对抗推演实验评估结果查看完毕后,可根据实验人员需要以表格形式将评估结果输入。

第三节 进行陆军作战实验控制

控制是作战实验的灵魂。陆军作战实验控制是一项基本而又复杂的管理活动。从本质上说,陆军作战实验本身是一种受控活动,其受控程度和控制类型需要视具体作战实验而定。对陆军作战实验实施过程进行有效控制,其目的是确保陆军作战实验能够按照作战实验计划有序进行,不偏离正确的方向,且能最大程度地排除陆军作战实验过程中各种偶然的、次要因素的干扰,在最短的时间内,将需要研究和认识的某种现象或联系以比较纯粹的形态呈现出来。

一、观察陆军作战实验过程

观察陆军作战实验过程是控制陆军作战实验实施的重要前提,只有通过对作战实验过程的仔细观察,才能确定在什么时间进行什么样的控制。在陆军作战实验中,各类实验人员应按照职责分工,随时密切观察作战实验的实施过程,及时发现各种意外情况。其中,实验组织人员主要从宏观上监控和掌握陆军作战实验的进展程度,看实验实施人员是否严格按照作战实验方案中规定的程序和方法进行实验,看作战实验进程是否按照作战实验计划向前推进,及时发现实验人员在作战实验过程中存在的问题,以便根据情况进行作战实验节奏和作战实验计划的调整。实验人员一方面可利用陆军作战实验系统的方案模拟功能观察作战方案的实时模拟过程,既可通过战场态势图变化来观察作战方案的整体执行情况,也可通过各实体状态变化来观察各实体行动指令是否执行、执行的效果以及未执行的原因;另一方面可利用陆军作战实验系统的方案评估功能观察作战方案的评估情况,既可观察总体评估情况,也可观察分项评估情况,既可观察总体作战效果,也可观察协同作战效果,通过观察各种作战实验结果数据,确定作战实验是否达到预期目的。实验保障人员主要监控作战实验设备、作战实验系统等软硬件的运行状态,看其是否运行正常,随时准备解决出现的各种故障。

二、控制陆军作战实验节奏

控制作战实验节奏,是根据陆军作战实验的需要控制作战实验实施的启动、快慢、暂停、继续、停止及重复,这里的作战实验实施主要是指作战实验的模拟仿真过程。

陆军作战实验必须在实验人员、实验系统、实验数据等都准备完毕后,才能启动模拟仿真。采取不同的作战实验方法,模拟仿真启动方法略有不同。采取"人不在环"作战实验方法时,只需运用陆军作战实验系统的方案模拟功能,就可启动模拟仿真。而采取"人在环"作战实验方法时,则需要首先启动实验控制功能,才能启动模拟仿真。

由于陆军作战实验经常是利用较短的天文时间来模拟仿真较长的作战时间,因此,在陆军作战实验过程中,应根据作战实验需要,灵活调整模拟仿真的步长,来控制模拟仿真的快慢。陆军作战实验系统的步长表示作战时间与天文时间的比例,步长越大,表示单位天文时间代表的作战时间越长,模拟仿真越快;反之,则越慢。一般来说,在进行重点问题作战实验时,应放慢作战实验节奏,采取小步长模拟,对于一般性问题,则可适当加快作战实验节奏,采取大步长加速模拟的方式,以提高作战实验的时效性。

陆军作战实验实施过程中的暂停,通常有人为暂停和被迫暂停两种。人为暂停是由实验人员根据陆军作战实验需要进行的暂停,比如,作战实验过程中组织实验人员休息时会暂停模拟。被迫暂停是由于出现意外情况,影响陆军作战实验的继续进行,不得不暂停模拟,比如,作战实验过程中实验系统发生故障,无法正常模拟,这时只能被迫暂停。作战实验人为暂停后,何时继续实验,由实验组织人员决定。作战实验被迫暂停后,必须等到意外情况处置完毕后,才能继续实验。

一般来说,单次陆军作战实验很难达到作战实验目的,因此,陆军作战实验需要多次重复进行。这时,必须依据陆军作战实验目的及作战实验数据获取的需求,选择合理的作战实验次数,既能消除作战实验过程中如时间、气候、季节、设备(系统)、操作方法、操作者等偶然因素对作战实验结果的影响,又不致过多地增大实验工作量和延长实验时间。

陆军作战实验实施的停止,分为单次实验实施的停止和全部实验实施过程的停止。其中,单次实验实施的停止可采取人工控制停止和自动控制停止两种方法。人工控制停止是由实验人员通过观察战场态势的变化,确定作战实验达到预期战斗目的时,宣布停止作战实验实施。自动控制停止是通过事先设置自动停止条件,陆军作战实验系统判定自动停止条件是否达到,当达到设定的自动停止条件时,自动停止模拟仿真。当实验人员确认达到陆军作战实验目的时,则停止全部实验实施过程。

三、处置陆军作战实验意外情况

在陆军作战实验实施过程中,不可避免地会出现各种意外情况,尤其是正式作战实验前未进行预先作战实验的情况下,更容易出现意外情况。及时高效地处置作战实验过程中出现的各种意外情况,对于确保陆军作战实验顺利进行尤为关键。

陆军作战实验实施过程中经常会出现各种意外情况,即使计划再详细、实施再周密,都不可能彻底避免意外情况的出现,只能是降低意外情况出现的概率。陆军作战实验实施过程中出现意外情况后,应第一时间对意外情况进行分析,重点分析三方面内容:①分析意外情况的种类。意外情况主要分为两种:一种是预料中的意外情况,就是在陆军作战实验实施开始前,预料到可能会出现的意外情况;另一种是预料外的意外情况,就是在陆军作战实验开始前,未预料到可能出现的意外情况。意外情况出现后,应首先判断意外情况属于第一种还是第二种,接下来看意外情况是个别情况还是普遍情况,是首次发生还是多次发生。②分析意外情况造成的影响。意外情况的发生都可能对陆军作战实验产生影响,有的影响会立即显现,有的影响会后续出现;有的影响是微弱的,有的影响是严重的;有的影响是局部的,有的影响是全局的。意外情况影响分析,要对意外情况影响的范围、程度进行分析,尤其要分析该意外情况是否会影响陆军作战实验的正常进行,是否会影响作战实验的最终结果。③分析意外情况产生的原因。意外情况的出现,背后都有一定的原因,通过对意外情况产生的原因进行分析,找出造成意外情况出现的症结所在,从而为科学处置意外情况奠定基础。

在分析意外情况的基础上,实验领导小组应对意外情况处置进行研究讨论,确定意外情况是否需要处置,如需处置则形成处置对策。一般来说,如果意外情况不影响陆军作战实验的正常运行和最终结果,则无须处置。根据意外情况的不同,处置对策也不相同。大体上来说,意外情况处置可分为两大类:一类是按照预案处置;另一类是临机决策处置。按照预案处置主要适用于对已有处置预案的意外情况的处置。对于陆军作战实验过程中经常出现的意外情况以及通过事前分析推测可能出现的意外情况,通常都会制定处置预案。当陆军作战实验过程中出现上述意外情况,可适情启动处置预案,按照处置预案中的处置方法进行处置。临机决策处置主要适用于对没有处置预案的意外情况的处置。临机决策处置需要实验领导小组快速研究形成处置对策,尽量消除或减轻意外情况对作战实验造成的影响。意外情况处置完毕后,应详细记录意外情况处置过程,主要记录意外情况发生的时间、位置等基本情况、意外情况影响的分析及最终处置对策。有些意外情况虽然不会影响陆军作战实验的正常运行和最终结果,也需要把问题记录清楚,等做完作战实验后认真总结分析,弄清楚是由操作不慎造成的,还是设计不合理引起的,并通过重复实验加以纠正。

四、调整陆军作战实验方案

陆军作战实验时,既要强调计划性,又要注重灵活性。在正式作战实验时,通常严格遵守原定的陆军作战实验方案,这是作战实验工作的严密性、科学性所要求的。但是陆军作战实验方案拟制完成后,并不是一成不变的,在整个陆军作战实验过程中,不可避免地会遇到某些同原定设想和计划不一致的情况,这就需要认真分析原因,及时加以调整,使作战实验工作得以顺利地进行下去。

陆军作战实验方案调整时,应综合考虑各种情况,既要考虑作战实验方案调整部分能否解决作战实验方案存在的不足,又要考虑作战实验方案调整部分是否和作战实验方案的其他部分产生矛盾和冲突,不能一个问题解决,却造成其他问题的出现。此外,作战实验方案调整时,应控制调整范围,尽可能通过局部调整解决问题,尽量不对作战实验方案进行大范围的调整。

第四节 陆军作战实验数据采集

采集作战实验数据是陆军作战实验实施中一项非常重要的工作,是进行陆军作战实验分析的前提和依据,影响和制约着作战实验分析的质量,进而影响作战实验结论的形成及实验的最终效果。从某种意义上说,有没有足够数量、足够真实的作战实验数据,决定着陆军作战实验的成败。作战实验人员应依据陆军作战实验任务实时采集作战实验数据,既要全程跟踪、全面采集,保证有足够数量的数据点;又要分段实施、重点采集,保证数据合理聚焦。陆军作战实验系统通常具有自动采集数据的功能,可以自动记录部分过程数据。作战实验人员应充分发挥陆军作战实验系统功能,采取多种方法,全面采集能够满足作战实验分析需要的各类过程信息和结果数据。

一、陆军作战实验数据采集的作用

采集陆军作战实验数据,主要围绕陆军作战实验目的,综合运用多种科学数据采集技术和方法,对作战实验初始、作战实验过程和作战实验输出的各类数据进行收集存储,为定量化评估分析和形成作战实验结论奠定基础。采集陆军作战实验数据的主要作用有以下三个方面:

(1) 支撑作战实验数据分析。陆军作战实验数据分析是以采集获得的作战实验数据为前提,且常常受到采集数据的限制。因此,完整且条理清晰地采集作战实验数据,是进行处理分析并顺利得到作战实验结果的基础。

(2) 支撑作战实验情况掌握。在陆军作战实验过程中,陆军作战实验系统将产生大量的仿真过程数据。这些仿真过程数据可以帮助作战实验人员实时掌握作战实验情况和模型运行情况。

(3) 支撑作战实验过程回放。在陆军作战实验结束后,有时需要通过态势回放来形象直观地查看整个仿真过程,这时可借助采集的作战实验数据,利用陆军作战实验系统的回放功能进行仿真过程回放。

二、陆军作战实验数据采集的类型

总体来说,需要采集的陆军作战实验数据主要包括三大类:作战实验初始数据、作战实验输入数据、作战实验输出数据。作战实验初始数据属于静态数据,在陆军作战实验过程中不发生变化;作战实验输入数据和作战实验输出数据都属于动态数据,在陆军作战实验过程中不断变化,具有随机性和不确定性。

(一)作战实验初始数据

作战实验初始数据,主要包括实验基础数据、实验想定数据和作战方案数据。其中,实验基础数据包括:作战环境数据,用以描述作战区域的地理环境、战场自然环境、人工环境等方面的量化数据,如地形、地物、气象、电磁空间、核生化区域、战备工程等;武器装备性能数据,用以描述武器装备的性能参数、作战效能等方面的量化数据,如武器平台的机动速度、飞行高度、火力打击能力、防御能力、通信能力等;作战计算基本参数,用以解析计算命中概率、打击效果、作战行动影响因子等方面的指标数据。实验想定数据是指实施作战实验的初始想定数据,包括敌我双方兵力部署、兵力编成、武器装备配置等信息。作战方案数据主要是对作战计划进行量化的数据,如用以描述敌我双方的作战决心意图、作战阶段划分、各作战单位任务和行动、目标打击程度等数据。作战实验初始数据与其他两类数据不同,它是对作战实验方案相关参数的量化,产生于作战实验设计与准备阶段,并作为初始启动数据输入陆军作战实验系统,在作战实验运行阶段相对固定,因此称为作战实验静态数据。

(二)作战实验输入数据

作战实验输入数据产生于"人在环"类型作战实验,主要是指在陆军作战实验过程中由实验人员输入的对抗推演决策数据和综合研讨意见数据。对抗推演决策数据是以"人在环"对抗推演方式组织作战实验时出现的一类实验输入数据,反映对抗各方根据态势变化所做出的决策信息,即来自对抗各方的人工命令数据,如调整作战实体的行动或状态的指令等。这种数据从本质上说也是一种作战方案数据。综合研讨意见数据是以综合研讨方式组织作战实验时出现的一类实验输入数据,是研讨参与者提出的个人研讨意见,或是针对其他研讨参与者意见的批评和争议。综合研讨意见数据是作战实验过程中人工给定的决策数据，来自研讨参与者。这种数据与对抗推演决策数据相比，其内容比较单一。

（三）作战实验输出数据

作战实验输出数据产生于陆军作战实验的仿真运行阶段，是根据作战实验基础数据和作战实验输入数据，由陆军作战实验系统各类仿真模型通过计算而输出的过程数据和结果数据。其主要包括：用以描述各作战实体的位置、兵力兵器实时状态和作战（行动）状态的作战实体数据；用以描述各类作战实体的机动、探测、射击、防御等作战行动的实体行动数据；用以描述作战实体之间发生的指挥、毁伤、支援等作战交互事件的作战事件数据。这些数据必须在陆军作战实验过程中才能得到，且其数据值还随作战实验进程推进而动态变化，因而称为作战实验动态数据。

三、陆军作战实验数据采集的步骤

作战实验数据采集工作应在充分理解陆军作战实验目的、作战实验系统和作战实验分析评估需求的基础上，分三步采集数据。

（1）明确需要采集的作战实验数据类型、数据内容以及数据变量。不同模式的陆军作战实验在数据采集时，应有不同的侧重点。当进行"人不在环"作战实验时，主要采集作战实验初始数据和作战实验输出数据。当进行"人在环"作战实验时，三类数据都要采集。不同陆军作战实验目的所采集的数据内容也不尽相同。因此，要灵活把握，紧贴作战实验目的和实验分析评估需要，尽可能全面地进行数据采集。例如，对武器装备作战效能评估的陆军作战实验，除对评估分析所需的基本数据采集外，还应重点对武器装备作战运用相关的战场环境数据、武器装备性能数据，以及战场机动、火力打击、目标探测、伪装隐身等仿真数据进行全面采集，确保全方位反映武器装备作战运用效果。数据变量是指描述数据采集内容的某一方面特征的定量描述值。通常某一项数据采集内容由多个数据变量进行定量描述，构成变量集合。同一类数据内容通常有相同的变量集合。例如，用最大飞行速度、最大飞行高度、最大飞行时间、雷达反射面积、最小起飞跑道距离等变量来定量描述固定翼飞机类武器平台的性能。

（2）确定每个变量的格式、采集方法和存储方式。为满足定量化的作战实验评估分析，数据变量应以数值的方式描述。因此，要对数据变量的单位、进制等格式进行定义规范。数据变量的采集方法主要包括系统自动采集、人工记录采集和调查采集等。数据变量的存储应根据实际情况选择最便捷、最可靠的方式,系统自动采集通常采取直接写入数据库的方式存储,在陆军作战实验系统功能不支持的情况下也可采用电子/纸质表格、文档等方式人工记录存档。

完成上述两个步骤后,即可形成陆军作战实验数据采集方案。实验数据采集方案主要包括数据采集的变量、格式标准、采集方法和存储方式。一方面,可对作战实验数据采集人员和过程进行规范指导,确保采集工作顺利实施;另一方面,可在数据采集后对数据采集质量进行评估,确保数据满足需要且完整有效。

(3) 实施作战实验数据采集。在采集工作开始之前,还应依据陆军作战实验目的和实验分析评估需求,对实验数据采集方案进行仔细检查,确保没有遗漏和错误。在陆军作战实验过程中,严格按照作战实验数据采集方案实施数据采集,并实时监控数据采集质量,发现问题及时修正。如果陆军作战实验过程由多轮对抗组成,作战实验数据同样也要一轮一轮采集。

四、陆军作战实验数据采集的方法

随着计算机作战模拟仿真技术的发展与应用,以计算机作战实验信息系统为工具支撑,以模拟仿真推演为实验手段,已发展成为各类型作战实验最主要的模式。对于基于实验系统的陆军作战实验数据采集,目前主要有以下几种常用方法。

(一) 面向结构化数据的系统自动化采集

陆军作战实验系统的运用,使得基于实验系统对作战实验数据进行自动采集成为可能。在基于实验系统的陆军作战实验中,支持运用实验系统对结构化定量作战实验数据进行自动化采集。为达到实验系统自动采集作战实验数据的目的,实验设计人员需要向实验系统开发人员提供作战实验数据采集方案,明确作战实验数据采集类型、内容、格式等详细需求。由实验系统开发人员根据作战实验数据采集方案设计并实现数据元模型、数据自动采集器(工具)和数据库,从而实现对各类作战实验数据的自动化采集和存储。

对静态类作战实验初始数据的采集,主要是从陆军作战实验系统基础数据库、实验想定数据库、作战方案数据库等已有数据源中采集,一般可采用通用数据库数据交换技术实现,如 ODBC、DAO、RDO、ADO、OLE DB 等。

对动态类作战实验过程数据的采集,主要是在陆军作战实验系统仿真运行过程中,运用系统集成或外挂的数据采集器(工具)对系统仿真模型实时产生的作战实验输入数据和作战实验输出数据进行采集和存储。在"人不在环"作战实验中,仿真时间推进比较快,瞬时产生的数据量比较大,因此,在对实验系统实时动态数据采集时需要注意解决数据缓存和多线程并行存储的问题,防止出现数据拥堵或丢失。

(二)面向非结构数据的人工记录采集

在基于实验系统的陆军作战实验过程中,实验系统自动采集能够解决已经结构化、定量化的作战实验输入数据和由仿真模型计算产生的客观数据的自动采集和存储。例如,由决策转化的作战指令和作战实体、武器装备、目标的位置、状态等。但对于作战行动效果、作战任务完成度、专家意见等定性分析评估信息,产生于实验系统之外,无法直接形成格式化数据并自动采集。如果不能将这些非结构化信息转化为实验系统可识别的数据输入系统,则需要专人在陆军作战实验过程中观察、监控,并以人工方式进行记录采集。例如,在对抗推演或综合研讨时,实验人员会对某一问题或行动效果陈述个人经验判断和意见,他们的经验和意见属于非结构化的定性分析、评价和总结,主要采用直接记录的方式进行采集,可以通过文字的形式,也可以通过音频、视频的形式。

(三)面向作战实验评估的背景调查采集

背景调查采集的本质也是一种基于人工方式的数据采集,是为作战实验结果分析评估和作战实验活动评估而进行的一种数据采集方法。主要包括三个方面:①关于作战实验主体背景、经验等信息的调查采集,即对组织、指导、实施和参与作战实验活动的个人或集体的调查和考评。②关于作战实验对象、作战实验条件的信息采集。③对作战实验其他问题的调查。如调查专家和控制人员如何实施作战实验、所用实验系统和实验过程如何工作,以及如何改进作战实验流程、作战实验设计等方面的见解和观点,还要调查系统分析员、研究人员的素质和水平等。背景调查采集以定性或定量的描述方式采集记录相关信息或数据,支撑对作战实验结果和作战实验活动进行客观公正的分析评估。

五、陆军作战实验采集数据的存储

陆军作战实验采集数据的存储是按照一定的规则,采用合适的工具存储和管理采集到的陆军作战实验数据。对于由陆军作战实验系统自动采集获得的作战实验数据,通常以数据库系统为主要工具,按照面向时间序列、面向实体对象、面向数据分析方法等规则方式进行记录存储。

(一)面向时间序列的存储

作战实验仿真推演是按时间轴循序推进的,因此可以按照时间序列对作战实验数据依次排序存储,这是最常用也是最简单的一种数据排序依次存储方式。例如,可以对仿真推演过程中双方交战事件,作战实体的状态、位置、战斗力、武器装备等方面的数据,按时间序列方式依次记录存储,通过时间值反映因果关系和变化趋势。

(二)面向实体对象的存储

作战实验仿真推演由各种仿真实体对象构成,如不同分辨率的兵力实体、目标实体等。采取面向实体对象的存储方式,有利于有针对性地对某些重点关注实体的研究分析和对比分析各类实体的状态、行动等方面的数据变化对作战实验结果的影响。但这种方式的缺点是各个实体数据被独立存储,不能够很好地反映实体之间的作用关系。

(三)面向数据分析方法的存储

在陆军作战实验筹划阶段,不仅要对作战实验数据进行设计,还要对作战实验数据分析处理方法进行选择,确定作战实验结果评估指标计算方法。不同的数据处理方法和评估指标计算方法对数据存储的格式有不用的要求。因此,可以根据数据分析方法确定数据存储结构。

六、陆军作战实验数据采集的要求

陆军作战实验数据的采集质量,直接影响作战实验数据分析的难易程度和作战实验结果的准确性,最终影响作战实验结论的可信性。因此,为提高采集数据质量,在采集陆军作战实验数据过程中应着重注意把握以下三点。

(1)要以陆军作战实验目的为牵引。作战实验数据采集要以陆军作战实验目的为牵引,由作战实验目的确定对实验对象的评估指标体系,然后根据评估需求确定作战实验数据采集需求,指导数据采集工作。因此,作战实验数据采集是一个自顶向下的严密论证过程，必须在数据采集中发挥作战实验目的的牵引和指导作用。

（2）要合理运用数据采集方法和技术。不同规模、不同类型的陆军作战实验，其实验数据源不尽相同，且定性与定量、结构化与非结构化数据共存。因此，要在对作战实验设计、作战实验系统进行充分理解的基础上，结合数据采集需求，根据实际情况综合判断，科学合理地选择数据采集方法和实现技术。需要注意的是，在一次陆军作战实验过程中，数据采集方法不一定唯一，可多种方法综合运用，以达到全面采集数据的要求。

（3）要保持数据体系完整性。陆军作战实验数据具有层次性、关联性的特点，在采集时应做到全面、系统地记录各类数据，确保能够客观真实地还原陆军作战实验过程的各个细节。一方面，在分析、评估作战实验结果时，全面完整的作战实验数据集合才便于整理和分析评估；另一方面，全面完整的作战实验数据，能够支持数据之间的相互印证，及时发现由于采集失误导致的反常结果，剔除不合理、不可靠数据。

第八章 陆军作战实验分析

陆军作战实验的真正目的在于得到作战实验结果（感性材料），为进一步决策分析（理性思维）提供条件，以便更深入、更准确地把握作战的本质。而在多数情况下，计算机仿真输出的数据并不能直接用于决策，必须经过数据挖掘与分析。陆军作战实验分析，就是为了缩小"实验事实"与"客观事实"之间的出入，更有效地运用作战实验数据，而对所收集的相关敌情、我情、战场环境以及陆军作战实验过程中的输入输出情况信息数据进行的汇总、分析、推断、预测和可视化表达等计算和处理工作。它既是陆军作战实验得以有效进行的必要环节，也是陆军作战实验的有机组成部分。不论是对作战能力分析、作战条件量化、作战效果评估，还是对部队优化指挥编组、强化指挥重心、量化指挥控制、简化指挥协同和提高整体作战能力都具有十分重要的意义。

第一节 陆军作战实验数据整理

陆军作战实验数据采集后，得到的仅仅是关于作战实验的原始数据集。由于作战实验数据来源广、渠道多，存在数据值不合理、数据格式错误、数据精度不够、数据存在冗余等情况，需要作战实验人员根据陆军作战实验目的、作战实验分析需求对其进行必要的整理，去粗取精、去伪存真、由此及彼、由表及里，产生能够准确反映作战实验客观实际的优化数据或数据产品，确保陆军作战实验数据分析和实验评估工作能够高效展开。

一、陆军作战实验数据整理的作用

陆军作战实验数据整理是陆军作战实验数据分析之前必不可少的准备工作，是为满足陆军作战实验数据分析而对采集数据所做的一系列处理工作，目的是使陆军作战实验数据能用、好用、够用。归纳起来，陆军作战实验数据整理主要有以下三方面作用：

（1）清洗采集作战实验数据，剔除不合理数据，确保真实可信。在陆军作战实验过程中，由于陆军作战实验系统的不稳定、仿真模型设计的漏洞、实验输入的干扰、人工采集的失误等多方面原因，常常会导致采集的数据集中存在数据缺失、数值不合理或不满足格式、精度等要求的情况，影响作战实验数据的适用性、完整性、一致性。因此，需要在进行陆军作战实验数据分析之前做好数据清洗工作。比如，通过分析静态作战实验数据的产生背景和条件，可以明确其适用性；通过剔除异常数据点，可以去除动态作战实验数据中由于输入噪声干扰、仿真模型设计漏洞等原因导致出现的严重偏离真实值的数据；通过数据校核，可以排除人工采集数据中的录入错误等。

（2）科学整合作战实验数据，形成支持作战实验结果分析评估的聚合数据集。作战实验数据采集得到的初始数据还只是对作战实验初始条件和过程的数据记录，尚不能直接反映实验对象内部各要素之间的各种关联关系、因果关系等，需要运用科学方法进行一定的整合，形成层次较高、可支持作战实验结果分析评估的数据集或产品。

（3）同步统计分析作战实验数据，为陆军作战实验人员提供实时定量化统计数据。在陆军作战实验过程中，根据作战实验人员重点关注因素，对当前已采集的实验数据进行同步处理，利用统计分析方法为作战实验人员提供多层面、多粒度、多维度的实时统计数据，如武器装备、弹药消耗、战斗力等随时间变化的情况。

二、陆军作战实验数据整理的方法

陆军作战实验数据整理的过程是一个"由多到少，再由少到多"的过程。首先，对初始采集数据进行清洗，剔除冗余或错误数据；然后，对不满足要求或缺失的数据进行修改和补充；最后，根据实际作战实验需要，通过数据挖掘提取并生成满足作战实验数据分析的优化数据集。

（一）陆军作战实验数据清洗

采集后的初始陆军作战实验数据主要有两种常见问题：一是数据格式不统一；二是数据重复冗余，数值不合理，数据"噪声"大。为解决上述两个问题，可采取以下几种常用方法。

1. 数据归一化

数据归一化处理主要用于对陆军作战实验数据的格式、类型和结构等方面的不足进行修改,解决作战实验数据量纲不一致的问题。主要工作包括同类型作战实验数据单位一致化处理、作战实验数据来源的单位一致化处理和定性作战实验数据的量化统一。比如,将表示武器装备性能、作战实体状态等定量作战实验数据类的单位进行统一;通过指数法或经验法赋予权值,将定性作战实验数据进行定量化处理。

2. 数据约简

数据约简的目的是"去粗存精、去伪存真",剔除不相关、无价值、不合理和重复、冗余的数据,压缩原始数据集。对陆军作战实验数据约简的方法有很多种,其中粗糙集理论方法最为常用,其原理是在保持知识库信息分类能力不变的前提下,删除其中不相关或不重要的知识。数据约简可以在保障数据属性和分类不变的前提下,大大简化原始数据,其工作主要包括分离与研究问题无关的数据和对相关数据的简化。具体步骤如下:

(1)筛选作战实验数据。筛选作战实验数据就是找出与研究问题相关的所有作战实验数据,排除不相关的作战实验数据。在陆军作战实验数据分析时,通常会针对某一个问题进行分析,其他与问题分析不相关的作战实验数据可以直接剔除。

(2)对相关作战实验数据进行统计分析,寻找异常数据和正常数据。异常数据通常指离群数据,对于找出的离群数据,应判断其离群的原因;对于因系统随机性而形成的偶然数据或错误数据,应当予以剔除;对于必然原因造成的离群数据,应予以保留,以便进一步分析。

(3)约简正常数据。正常数据可能包含多余属性或同一属性的重复冗余数据,在保证陆军作战实验数据整体价值不变的前提下要进行必要的简化处理。简约多余属性后,对于完全重复的数据可以进行删除或归并。

(4)将异常数据中的必然数据和约简后的两部分数据作为清洗后的数据,进行下一步的数据整理。

3. 数据对比

以人工对比数据的方式,将发现的不合理数据与来自作战理论、作战条令、历史战例、靶场试验、训练或演习、其他可信的作战实验模型计算输出的类似数据进行比对,判断数据合理性。

4. 专家验证

充分发挥专家经验和直觉的作用,主观地对陆军作战实验数据的合理性、可用性进行评估,修正或剔除异常数据。

（二）陆军作战实验数据补充

由于前期作战实验数据采集遗漏或错误数据被剔除等原因,可能会造成数据不足的情况。这时,就需要根据作战实验结果评估的需求增加一些数据作为补充,确保陆军作战实验数据集的完整性。可以借助专家经验或以往作战实验数据进行补充,也可以采用数据耕耘的方法补充。

（三）陆军作战实验数据挖掘

陆军作战实验采集数据经过清洗和补充后,得到满足作战实验数据分析需求的数据集合。但是为了更好地支撑陆军作战实验数据分析工作,还需要对能够反映作战实验结果的有价值信息进行充分提取,这就需要进行数据挖掘。作战实验数据挖掘可采取多种方法,如关联分析、聚类分析、分类分析、统计分析、基于泛化和归纳、基于云理论等。

（1）关联分析方法可分为简单关联、时序关联、因果关联等。关联分析的目的是找出数据变量之间存在的某种规律性,即关联关系。这种方法的原理比较简单,但由于关联分析生成的规则较为简单,导致分析结果价值相对较低。

（2）聚类分析方法可分为基于密度聚类、基于层次聚类、划分聚类、基于模型聚类、基于网络聚类等,其优点是不依赖特殊的背景知识,可根据数据间的相似性或距离把数据分成不同类型的组类,直接发现数据集合中感兴趣的分布规律或关系结构。但是,当数据特征属性多、空间维度大、数据量较大时,这种方法会存在速度慢、效率低的问题。

（3）分类分析方法可分为粗糙集方法、机器学习方法、判别分析法和神经网络法等,其优点是能够以数据不同的属性为规则对数据进行梳理分类,便于对同一属性的数据进行深入分析。但是,这种方法对数据噪声、维度要求比较严格,对于非线性数据的判别函数难以构造和计算,并且分类不够精确,不用属性数据相互关联时难以处理。

（4）统计分析方法主要有均值分析、方差分析、t 检验、F 分布检验分析等,在对数值型数据进行分类中具有显著优势,既可以对数据进行分类,又可以有效发现数据分布规律,还可直接形成支持结论的知识信息。这种方法的缺点是要求作战实验人员掌握较多的统计知识和相关领域知识,而且难以处理离散型属性数据。

（5）基于泛化和归纳属于统计方法与分类方法相结合的一种方法，可以对数量规模较大的数据进行概括与综合，归纳出宏观层次的数据分布模式或特征，并以较高的概念层次进行展示。但是，这种方法对于数据之间的因果关系和逻辑关系的挖掘深度不够，且难以处理离散型属性数据。

（6）基于云理论方法可分为不确定性推理、云模型、云变化等，可以解决一些不确定性或随机性数据的问题，是定性分析和定量计算相结合的数据处理方法。但是，这种方法应用范围有限，不适合用于处理一些较为确定的数据。

三、陆军作战实验数据整理的要求

陆军作战实验数据整理工作的重点是解决陆军作战实验数据的优化整合问题，确保用于陆军作战实验数据分析的数据能用、好用、够用。高质量的数据整理能大大降低后续陆军作战实验数据分析和作战实验结果评估的复杂性，有效提升陆军作战实验结论的可靠性、可信性。为提高陆军作战实验数据整理的效果质量，在实践中应注意以下三点：

（1）要以服务于陆军作战实验数据分析为出发点和落脚点。作战实验数据整理对于实现陆军作战实验数据分析目的起着关键性作用。通过对采集数据集进行加工处理，可以生成服务于特定数据分析目标的有效数据集。不同目的的陆军作战实验对实验结果的关注点各不相同。对陆军作战实验数据分析评估，通常采取建立评估指标体系的方式，每个评估指标有相应计算模型和数据需求。因此，在整理陆军作战实验数据时，要根据评估指标做到有针对性地筛选、简化和汇总数据。

（2）要保持数据的客观性、准确性。陆军作战实验数据的客观性、准确性决定了最终数据分析结果的可靠性、可信性。数据整理阶段会在作战实验主体的指导和控制下对采集数据进行加工处理，纠正错误、剔除冗余、统计汇总。但是，人的参与必然会带入人的主观影响，而且对于同样的数据采取不同的处理方法也会有不同的结果。因此，参与数据整理的人员必须严格秉持还原陆军作战实验真实过程的原则，科学合理地选择数据整理方法，必要时可采取多种方式对比分析，并借助专家经验或权威资料对数据整理工作和成果进行校核、验证和确认，最大程度确保作战实验数据的客观性、准确性。

（3）要以多层级、多角度、多维度充分提取有价值信息。陆军作战实验数据整理的最终目标，是从作战实验数据中全面、充分地提取到隐藏在大量数据背后，能够直观反映陆军作战实验问题各个方面、反映作战实验输入与输出之间各种关系的有价值信息。因此，为了能够更好地服务于陆军作战实验数据分析工作，要在准确理解把握陆军作战实验目的、作战实验问题研究和结果评估的关键点，综合运用多种方法手段，从不同层级、不同角度、不同维度提取有价值信息，为之后的陆军作战实验数据分析奠定基础。

第二节 陆军作战实验数据分析

陆军作战实验数据分析基于数据采集和整理后的作战实验数据和信息，运用科学正确的方法从中寻找作战实验输入与作战实验输出、作战实验假设与作战实验结果之间的关系，为最终形成陆军作战实验结论提供决策支撑，是确保陆军作战实验目的实现的重要工作。

一、陆军作战实验数据分析的作用

陆军作战实验活动中，通常关注三个主要问题：①作战实验假设；②作战实验结果；③作战实验假设与作战实验结果之间的关系。陆军作战实验数据分析就是在陆军作战实验实施阶段结束后，根据陆军作战实验目的，从军事问题研究的角度对陆军作战实验数据进行综合分析，得到陆军作战实验结果数据，并揭示作战实验假设与作战实验结果之间的关系。因此，陆军作战实验数据分析也可称为陆军作战实验结果分析或陆军作战实验事后分析。对于整个陆军作战实验活动而言，陆军作战实验数据分析是不可缺少的重要环节，其作用主要体现在以下三个方面：

（1）分析陆军作战实验结果。根据陆军作战实验目的，合理设计作战实验评估指标与模型，用于对陆军作战实验数据进行计算和分析，得到反映作战实验事实的陆军作战实验结果数据。如各作战单位、武器装备的作战效能、体系贡献率，各作战阶段的任务完成度、物资消耗、战损战果等。

（2）支持陆军作战实验结论形成。在陆军作战实验结果数据分析的基础上，进一步分析研究作战实验各因素之间、各因素与作战实验结果的关联关系，有助于陆军作战实验人员更精确、更具体、更深刻地认识所研究作战实验问题的性质及其变化规律，进而得到支持陆军作战实验结论的感性认识，为进一步的理性思维提供认识条件,以便更深入、更准确把握作战问题的本质。

(3) 验证陆军作战实验价值。通过数据分析能够得到陆军作战实验结果,反过来可以对是否达成陆军作战实验目的、作战实验方法和过程是否存在问题等方面进行检验验证。针对存在的问题,提出进一步的改进建议。

二、陆军作战实验数据分析的方法

陆军作战实验数据分析工作可分为两个层面:第一个层面是面向陆军作战实验数据的统计分析;第二个层面是面向陆军作战实验结果的综合分析。

(一) 面向陆军作战实验数据的统计分析

面向陆军作战实验数据的统计分析,主要是对陆军作战实验数据进行分类、汇总、统计、整理,形成能够反映陆军作战实验结果的数据,以便帮助陆军作战实验人员更直观地理解作战实验过程和作战实验结果,支持进一步深入分析作战实验要素之间的关联、因果等关系。一般而言,陆军作战实验结果可由一系列统计数据客观反映,大致包括作战物资消耗数据、作战单位减员数据、装备作战效果数据、武器杀伤数据、各阶段剩余兵力数据等。

1. 基本统计方法

(1) 数学统计方法。

数学统计方法主要用于对单次陆军作战实验进行多层面、多粒度、多维度的分类统计。对陆军作战实验数据进行数学统计时,要确定统计角度和统计项目。例如,按照作战阶段视角,对各阶段兵力运用、作战消耗、战果战损、任务完成等情况进行统计。按照作战体系视角,对火力打击、防空反导、侦察预警、电子对抗、指挥控制等体系的作战效果进行统计。根据实际需要,可以选择一种或多种视角进行统计,以得到全面的陆军作战实验结果数据。在明确统计角度和统计项目后,要确定适宜的统计指标。指标要能量化,可以反映统计项目的主体内容或核心要素,并且能够从陆军作战实验数据中获取。

(2) 数理统计方法。

数理统计方法主要用于对同一个陆军作战实验的多次实验数据进行统计分析。在考虑随机因素的情况下,将多次陆军作战实验数据作为一个样本空间,对多次数据进行统计处理,可以得到用于单一问题分析的基本数据。例如,对于指

标 a,经过 n 次实验后获得的一个样本空间为 $A = \{a_1, a_2, \cdots, a_n\}$,每个样本值的概率为 $P = \{p_1, p_2, \cdots, p_n\}$,那么就可以通过数理统计方法获得样本空间的统计数据。

样本平均值 $\bar{a}$:

$$\bar{a} = \frac{1}{n}\sum_{i=1}^{n} a_i \tag{8.1}$$

样本期望值 $E(a)$:

$$E(a) = \sum_{i=1}^{n} a_i p_i \tag{8.2}$$

样本均方根 σ:

$$\sigma = \sqrt{\frac{\sum_{i=1}^{n} a_i^2}{n}} \tag{8.3}$$

2. 陆军作战实验结果数据可视化

为了能够更加直观、生动地展示陆军作战实验结果数据,以可视化方式对统计分析数据进行展现。借助可视化展示,分析人员能够相对容易地发现数据中的结构、特征、模式、趋势、异常现象或相关关系,帮助陆军作战实验数据分析人员更好地评估分析。

对于统计数据可视化展示最常用到的是统计图,主要包括直方图、饼状图、折线图、散点图、圆环图、气泡图、雷达图等图形形式,其优点是简明具体、生动形象、通俗易懂、一目了然。一般情况下,统计图由图题、图目、图尺、图形、图示线和图例组成。其中,图题是统计图的名称,要求简明扼要并能正确反映图形的主要内容;图目是图中的标目,分纵标目和横标目;图尺即图中测定指标数值大小的标尺;图示线是表示各种图形所使用的线;图形即图式,是根据统计数据用较粗的图示线绘成的图形,是统计图的主体部分;图例是举例说明某部分图形所代表的事物,放在图中的空白位置。

(二)面向陆军作战实验结果的综合分析

面向陆军作战实验结果的综合分析方法主要包括评估指标综合分析、假设检验、回归分析、灵敏度分析等,其中评估指标综合分析方法在实践中最为常用。随着战争系统复杂性的不断上升,在传统方法的基础上,也产生了探索性分析、联机分析处理、数据挖掘等新方法。

1. 评估指标综合分析

陆军作战实验数据评估指标综合分析方法的基本步骤：首先，根据陆军作战实验目的，经实验评估组、专家的共同研究，建立评估指标体系。然后，选择和设计评估方法，建立评估模型，以定量计算的方式形成陆军作战实验结果数据。最后，记录陆军作战实验结果，并以可视化方式对陆军作战实验结果进行直观的展示，为形成陆军作战实验结论提供信息支撑。其中，最重要的环节在于评估指标、指标权系数的确定，以及评估模型的建立。

（1）评估指标选取。

对陆军作战实验结果评估分析的依据是评估指标，由于影响评价问题的因素往往很复杂，如果仅从单一指标上对被评问题进行评价，显然是不合理的，需要将反映问题评价的多项指标的信息加以聚集，得到一个综合指标，即评估指标体系，从整体上来反映被评价问题的情况。

在构建评估指标体系时，应严格遵守以下评估标准：充分、适当地介绍陆军作战实验的背景；合理考虑陆军作战实验的一些基本问题；使用正确的程序；适当的应用范围等。上述评估标准并不是评估指标本身，而是衡量评估指标的准绳。

评估指标的选取应遵循以下要求：①合理性，即必须与陆军作战实验目的、实验问题密切相关，能确切地反映出陆军作战实验结果；②客观性，应为陆军作战实验系统的输出响应或者可从陆军作战实验过程或结果数据推导得到；③灵敏性，其特性值要比较容易观察和测量；④可信性，可被研究者、实验人员和军事人员所接受。

一般来说，评估指标可分为"极大型""极小型""区间型""固定型"等类型。对于效果（效益）的评估，通常使用"极大型"和"极小型"指标，因此也称为"效益型"或"成本型"指标。这类指标会有临界阈值，越高于（低于）临界阈值越优。例如，对于火力打击任务中的毁伤效果，可采用"极大型"指标，作战实验数据值越大越好；而对于兵力、武器装备的战损和弹药的消耗，则可采用"极小型"指标。"区间型"指标通常用于对过程或状态评估，越符合要求越优，越偏离（无论高于或低于）要求越劣。

需要注意的是，任何两个陆军作战实验活动，由于作战实验目的、作战实验类型、作战实验设计、作战实验系统、作战实验数据等方面的不同，对作战实验结果评估的指标也不尽相同。即使对于同一个陆军作战实验活动，也可能因为评估人员选取的关注点、评估方法、评估标准等不同，导致最终选取的评估指标各有特点。因此,不存在通用化的评估指标,需要根据实际情况科学设计。一旦评估指标确定下来,就必须严格地按照标准来检验评估,不能因为某些原因轻易把标准降低。

(2) 评估指标筛选。

评估指标体系中的指标项并非越多越好,关键在评估指标对作战实验问题的反应能力,即某一评估指标在陆军作战实验结果评估中所起作用的大小。因此,在设计评估指标时,要按照某种原则进行筛选,分清主次,合理构建评估指标体系。对于评估指标的筛选,最常用的方法是专家评价法和最小均方差法。

专家评价法是一种利用专家群体经验和智力对评估指标合理性、客观性、价值性进行评价的方法。根据作战实验目的、作战实验问题特征、评估目标,以调查表的形式分别向专家发函或征求意见,对初步选取的评估指标进行评价。经过多轮反复征询意见和对指标筛选后,专家意见逐步趋于集中,则最终确定评估指标体系。

最小均方差法主要用于排除对于多个评估对象之间参考价值较小的评估指标项。对于多个评估对象,如果所有评估对象关于某项指标的实验数据值均方差近乎为 0,尽管这个指标可能军事意义非常重大,但对于多个对象评估结果来说参考意义不大。所以,为了集中体现作战实验结果、减少评估工作量,则应该删除该项指标。

(3) 指标权重系数确定。

建立评估指标体系不仅要划分指标体系的结构层次,还要确定每个指标的权重,即明确指标在指标体系中的重要程度,权重的大小可以用数值来表示。只有在正确地赋予指标体系各个层次每个指标的权重系数之后,指标体系才能用于陆军作战实验结果评估活动。指标权重的确定方法很多,如专家法、层次分析(AHP)方法、特征值法等。其中基于专家评判的层次分析法运用得最多。

一般情况,为便于计算和比较,指标权重系数应遵循如下规定:每个指标的权重值都是一个不大于 1 的正数;指标体系中,无论是哪个指标,如果已对其分别列出了下属一级指标,则这些下级指标的权重值之和必须等于 1。

(4) 评估模型建立。

评估模型主要包括各项指标的计算评估模型和基于指标体系的综合评估模型。各项指标的计算评估模型主要是根据对象和数据支持,建立相应的数学或逻辑的计算模型或定性分析模型,根据具体情况抽象建模,也可参考军事运筹学方法。基于指标体系的综合评估模型是在各项指标评估计算结果的基础上,按照指标体系层级关系和权重系统,对实验结果进行综合评估的模型,也可以是对某一层级子指标体系的综合评估模型,目的是量化作战实验结果。

设 E 表示指标综合值,n 表示某一层级指标数量,p_i 表示第 i 项指标值,w_i 表示第 i 项指标的权重值,综合评估模型主要有以下几种形式。

加权求和模型,适用于各项子指标相互独立的情况。综合评估结果突出了量值较大和权重系数较大的指标的作用,不对各项子指标之间的差异性进行反映。任何下层指标评估值为 1 或 0 都不会使其他指标值的变化失去作用。加权求和模型基本公式为

$$E = \sum_{i=1}^{n} w_i p_i \tag{8.4}$$

几何均值合成模型,适用于各项子指标之间存在强烈相互关联的情况,强调各评估指标的一致性,权重系统的作用不明显。其评估结果突出了量值较小指标的作用,对各项子指标的变化比较敏感。几何均值合成模型基本公式为

$$E = \left(\prod_{i=1}^{n} p_i\right)^{\frac{1}{n}} \tag{8.5}$$

串联关系指标模型,适用于各项子指标之间存在串联关系。任何指标值的下降都会导致结果不可避免的下降,特别是任何一项指标值为 0,都会导致指标综合值为 0。串联关系指标模型基本公式为

$$E = \prod_{i=1}^{n} p_i^{w_i} \tag{8.6}$$

并联关系指标模型,适用于各项子指标之间存在并联关系。只要有一个指标值较为理想,其他指标值即使很低,也不会降低综合评估结果。尤其是当任何一个指标的值为 1 时,则综合评估结果值 $E = 1$。某项指标值下降引起的损失在一定程度上可由其他指标值的上升得到补偿。并联关系指标模型基本公式为

$$E = 1 - \prod_{i=1}^{n} (1 - p_i)^{w_i} \tag{8.7}$$

(5)评估指标的无量纲化处理方法。

在评估指标体系中,由于各指标的量纲不同,无法统一度量评估,存在不可公度性。因此,为了保证作战实验结果评估的合理性,需要通过一定的数学变换,对指标量纲进行一致化处理,将量纲各异的指标转化为可以进行综合比较的相对数。

最常见的评估指标类型为效益型和成本型。设指标 a 为效益型属性,a_1、

a_2 分别为原始指标值、无量纲化之后的指标值，$a_{\min}$、$a_{\max}$ 分别为最小、最大指标；设指标 b 为成本型属性，b_1、b_2 分别为原始指标值、无量纲化之后的指标值，$b_{\min}$、$b_{\max}$ 分别为最小、最大指标值；设作战实验方案数量为 n，指标 z 为效益型或成本型指标值，z_{1i}、$z_{2i}(i=1,2,\cdots,n)$ 分别为原始指标值和无量纲化之后的指标值。效益型和成本型指标的无量纲化方法如下：

$$a_2 = \frac{a_1 - a_{\min}}{a_{\max} - a_{\min}} \tag{8.8}$$

$$b_2 = \frac{b_{\max} - b_1}{b_{\max} - b_{\min}} \tag{8.9}$$

上面方法的优点是经过变换后，各指标的度量值在 0~1 变化，且各指标最好结果的值为 1，最坏结果的值为 0，其缺点是变换前后的各指标值不成比例。

$$a_2 = a_1 / a_{\max} \tag{8.10}$$
$$b_2 = b_{\min} / b_1 \tag{8.11}$$
$$b_2 = 1 - b_1 / b_{\max} \tag{8.12}$$

上面方法的优点是线性变化的，且变换前后的指标值成比例；但对任一属性来说，变换后的指标值 1 和 0 不一定能同时出现。

$$z_{2i} = z_{1i} / \sqrt{\sum_{i=1}^{n} z_{1i}^2} \tag{8.13}$$

式（8.13）的优点是把两种属性的指标值都可以转换为无量纲的值，且值处于 (0,1) 区间，有利于各属性间的比较，缺点在于这是一个非线性变换，变换后的各属性值不成比例。

2. 假设检验

假设检验是对作战实验结果进行统计推断的一种方法。该方法运用作战实验样本数据得到的统计量来检验事先对总体结果或参数所做的假设是否正确。概括讲，其基本思想就是利用随机样本的信息，根据概率论的原理，对总体结构或参数的假设做出拒绝或保留的统计结论。

假设检验的基本步骤：首先，假设样本统计量与总体参数值相等，即假设其差异为零，该类假设称为虚无假设。与其相对立的另一假设是关于样本统计量与总体参数不相同的假设，它是在拒绝了虚无假设之后所要接受的假设，称为备择假设。然后，从虚无假设出发，通过一定的检验程序，将实验结果与虚无假设的理论值进行比较；如果差异不显著，则接受虚无假设；如果差异显著，则拒绝虚无假设而接受备择假设。

在陆军作战实验过程中,实验人员依据经验或历史数据,对某一作战问题的总体参数做出某种假设,然后再通过对作战实验数据的统计分析,来检验该假设是否成立。对这类作战问题的分析就属于假设检验。例如,计划组织炮兵火力对某类目标的打击行动,实验人员通常要依据炮兵火力的靶场实验数据和当时作战条件,对其火力毁伤效能做出某种假设,在而后的作战实验中通过统计和分析其实际效果来修正这一假设,使之更加符合实际。

3. 回归分析

回归分析是研究两种或两种以上变量之间相互依赖的定量关系的一种统计分析方法。其原理是在掌握大量实验数据的基础上,利用数理统计方法建立因变量与自变量之间的回归关系函数表达式。在作战实验结果评估分析时,可以用来研究实验因素与评估指标之间关系,主要包括一元线性回归、多元线性回归和非线性回归。

4. 灵敏度分析

灵敏度分析是指在感兴趣的范围内,系统地改变模型输入变量和参数的值,并观察模型行为因这种改变而发生的变化。根据应用的侧重点不同,灵敏度分析方法可以发挥两种主要作用:一是改变作战实验数据模型的条件,然后检查实验结果变化的趋势是否符合理论或经验预计的趋势;二是确定哪些实验因素对期望的实验结果有重大影响。

5. 探索性分析

探索性分析是目前复杂系统分析方法中应用比较广泛的一种方法。作为一种新的国防系统分析方法,探索性分析方法与传统方法的主要区别在于:对系统的分析和研究是基于想定空间,而不是基于特定想定。因此,它能够充分考虑所有合理假设的想定情况,改进并加强了对不确定性的研究,增强了对问题的认识;同时提供了更多的信息来解释在传统的灵敏度分析中所遇到的问题,使决策者能够广泛地试探各种可能的结果,从而选择适应更多不同想定环境的方案。

6. 联机分析处理

联机分析处理是一种自上而下、不断深入的快速分析技术。分析人员首先提出一系列假设,然后通过联机分析处理方法对数据库进行检索,从上至下深入地提取关于问题的详细信息,证实或推翻假设,从而得到最终的结论。在陆军作战实验结果评估分析中,该方法支持以一种为实验人员所理解的快速交互式分析方法对作战实验数据进行分析,获得对作战实验结果更为深入的理解认识。

7. 数据挖掘

数据挖掘是集数据库、数理统计、人工智能、并行计算等方面技术于一体的新技术、新方法。数据挖掘目的是在海量数据中,利用各种算法和工具构建数据分析模型,发现隐藏在数据之中的有价值信息。在陆军作战实验结果分析中,利用数据挖掘能够将数据库中的有关数据从较低的个体层次抽象总结到较高的总体层次上,从而实现对基本数据的总体把握,还有可能实现作战实验结果数据的自动趋势预测,自动探索之前未发现的模式。

(三) 作战实验数据分析报告

为支持实验人员形成最终的作战实验结论,必须对作战实验数据分析的成果进行客观、翔实的记录,撰写实验数据分析报告。根据不同的陆军作战实验目的,作战实验数据分析报告可有不同的针对性,但一般应包含以下三个方面内容:①数据分析的基本信息,主要包括说明与实验分析相关的问题名称、分析目的、衡量指标、分析参数等;②数据分析的方法和结果,主要是对作战实验数据的分析方法和分析后得到的定量或定性结果进行说明;③分析结论,通常以定性方式描述作战实验数据分析最终形成的结论,也可以借助定量数据辅助证明。

三、陆军作战实验数据分析的要求

陆军作战实验数据分析是陆军作战实验事后分析,形成作战实验结论的核心工作和关键环节。为确保陆军作战实验数据分析能够准确客观地反映作战实验结果,揭示军事问题的内在规律,在实践中应注意把握以下几个方面:

(1) 要以陆军作战实验目的为指导。陆军作战实验是针对特定背景条件下军事问题研究的方法,具有很强的目的性。从不同的陆军作战实验目的出发,对作战实验应考虑的因素、分辨率和精度会有完全不同的要求,对作战实验数据的分析也有不同的要求。因此,在陆军作战实验数据分析过程中应该充分考虑陆军作战实验目的,做到分层次、有重点,同时又要部分与整体相结合。

(2) 要注意与其他作战实验环节的联系。在陆军作战实验过程中,作战实验数据分析并不是独立存在的,它需要和作战实验设计、作战实验运行过程对应起来。陆军作战实验是一个为实现特定目的而进行的循环往复的认识过程。因此,陆军作战实验结果分析也是一个多次反复的过程,每经过一次反复,人们对陆军作战实验结果的认识也就提高了一步,从而也就把陆军作战实验向军事实践推进了一步。

（3）数据分析方法要科学、合理。数据分析本身是一项较为复杂的系统工程，在整个陆军作战实验活动中工作量和难度最大。因此，需要根据具体情况，合理选取适用的数据分析方法，通常需要多种方法并用，尽可能最大程度地解析数据中隐含的军事意义。此外，数据分析不单纯是对数据的统计计算，其关键点在于分析评估。因此，要组织各专业部门、专家充分参与，以确保数据分析的准确性。

（4）实验数据分析不存在绝对的标准和规范。陆军作战实验是经验的、历史的、数学的以及判定性模型的混合体，是受控条件下的作战概念与作战能力的验证与创新，陆军作战实验结果的科学性、针对性、有效性和可靠性只是相对的，对作战实验数据的分析也是相对的，不存在绝对的标准和规范。归根结底，陆军作战实验数据分析是为了缩小"实验事实"与"客观事实"之间的出入。

第三节　形成陆军作战实验结论

陆军作战实验的真正目的在于得到作战实验结论，进而更深入、更准确地把握战争规律，以指导作战实践。

一、陆军作战实验结果分析与解释

陆军作战实验结果分析与解释，是指根据陆军作战实验设计，在作战实验数据分析成果的基础上，对以统计数据、评估指标值等抽象方式描述的陆军作战实验结果进行深入分析与解释，使陆军作战实验结果更加直观，军事意义更加明显，便于作战实验结果为实验人员理解和使用，为形成陆军作战实验结论提供支撑。陆军作战实验结果的分析与解释是一个从定量到定性的转化过程。

陆军作战实验结果分析与解释在陆军作战实验中的作用主要体现在以下方面：①通过陆军作战实验结果的分析与解释，可以及早地发现并改正陆军作战实验的错误和缺陷；②可以增进陆军作战实验结果的标准化、通用化，使对陆军作战实验结果理解和使用更方便、准确；③可以明确作战实验结果的使用条件和范围，减少重复开发和错误使用，使陆军作战实验发挥最大的效益。

在实践过程中，应注意把握以下基本原则：①要基于陆军作战实验结果，结合陆军作战实验的设计、过程以及相关的军事应用技术与理论进行合理的分析解释,给出对陆军作战实验问题的结论和建议。需要注意的是,陆军作战实验数据与陆军作战实验结果是客观的,而对其的分析与解释是主观的,尽管参考了相关技术与理论,但不同的专家可能会对同样的结果有不同的解释。②要用简明、精确的语言说明陆军作战实验结果及其背后的军事意义,不仅要说明结果,还要说明其假定、使用的数据、使用的条件,通过深入了解各作战实验因素之间的相互联系,解释为什么会产生这样的结果,确定输入的改变对输出结果的影响,其他数据或假定的改变对陆军作战实验结果的影响如何,从而使军事研究和实验人员能方便、准确地理解和使用陆军作战实验的结果。③陆军作战实验结果的分析与解释可以是一个循环反复的过程。每经过一次反复,对作战实验结果的认识也就提高了一步,从而也就把作战实验向军事实践推进了一步。

由于陆军作战实验的目的与任务不同、应用范围不同,陆军作战实验结果的分析与解释在最终形式上有所不同。但应包括以下几个主要内容:陆军作战实验问题、数据来源、陆军作战实验方法与过程、陆军作战实验结果及其含义、形成陆军作战实验结果的主要因素、主要因素对陆军作战实验结果的影响、陆军作战实验结果的局限与使用条件等。

二、陆军作战实验结果可信性评估

陆军作战实验的结果与真实作战的结果是否具有一致性,毫无疑问是陆军作战实验有效性的根本标志。陆军作战实验结果的可信性评估是确保陆军作战实验结论有价值的关键途径。对于陆军作战实验结果的可信性评估,通常采用校核、验证与确认(VV&A)的方法。其中,最常用的方法是组织陆军作战实验领域专家,以专家评议的方式对陆军作战实验结果做出客观准确的评价。

专家评议方法相比其他方法而言简单易行,而且可以指出陆军作战实验的创新或不足,能掌握陆军作战实验过程和实验结果在国内外所处的水平,从而客观准确地做出评价。其缺点是,由于专家的主观性、倾向性或在涉及相关机构利益时,该方法可能会出现问题。

专家评议主要包括以下要素:

(1)组织机构,即组织实验结果评估的主体。主要是组织评估活动的机构,如军队指挥机关、实验评估小组或他们委托的相关机构。

(2)评议专家,是指具体承担评议工作的专家集体。作为专家评议活动中的关键一环,专家的选择至关重要。专家组成员要能客观看待问题,提出宝贵意见,并具有丰富经验和广博知识。要从知识库角度的评估需要来筛选专家组成员,确保其知识储备能够涵盖评估工作所涉及的相关领域。

(3)评议对象。主要是陆军作战实验过程、实验数据、数据分析方法和结果、实验结果分析和解释等方面。

(4)评价标准。主要包括评议方法、指标体系、筛选率等,这个标准应该涵盖多个相关领域。

(5)评价结果。即专家组对陆军作战实验结果评价后形成的结论。

三、形成陆军作战实验结论与实验成果

陆军作战实验结论必须是在陆军作战实验数据整理与分析、陆军作战实验结果分析与解释以及陆军作战实验结果可信性评估之后最终形成的。以陆军作战实验结果为参考依据,在分析比较的基础上,针对军事需求和陆军作战实验目的,总结得出关于当前和未来作战的新思想、新战法、新技术等结论。

陆军作战实验结论以及其他方面成果通常以陆军作战实验报告的形式记录,主要包括陆军作战实验技术报告和陆军作战实验执行报告两类。陆军作战实验技术报告是对陆军作战实验过程中进行的主要实验内容、解决的实验问题与方法、关键实验数据与分析结果以及形成的重要结论的总结,体现了陆军作战实验的主要成果。陆军作战实验执行报告是对陆军作战实验设计、陆军作战实验计划制定、陆军作战实验组织与实施全过程中流程与经验教训的总结,为后续陆军作战实验提供参考。

陆军作战实验报告是陆军作战实验价值的重要体现,能为军事领域研究者与决策者提供借鉴参考,不用再现陆军作战实验即可从中获取最大的信息与利益,并降低后续陆军作战实验的成本。

第四节 陆军作战实验报告撰写

陆军作战实验数据分析结束后,撰写一份高质量的作战实验报告是极为重要的。一份有效、科学、可信的陆军作战实验报告,既是对陆军作战实验全过程的概括总结,又是对陆军作战实验成果的展示,还可将其与他人进行交流。否

则,陆军作战实验工作本身的质量再高也没有价值。正因为如此,陆军作战实验报告的撰写,是陆军作战实验实践活动必不可少的一环,是陆军作战实验分析阶段的重要工作。

一、陆军作战实验报告的认识

目前,关于陆军作战实验报告,尚无明确统一的定义。根据多年组织实施陆军作战实验实践的经验,我们认为:陆军作战实验报告是在陆军作战实验结束后,由实验实施人员在综合分析作战实验数据的基础上,将作战实验条件、实验内容、实验过程、实验结果、实验结论等用文字形式记录下来的书面材料。

理解陆军作战实验报告的定义,需要把握五点:①作战实验报告通常是在作战实验结束后撰写;②作战实验报告是由实验实施人员负责撰写,而不是由实验组织人员、实验评估人员或实验保障人员负责撰写;③作战实验报告撰写前,必须要对作战实验过程和结果数据进行综合分析,而后依据作战实验结果进行撰写;④作战实验报告内容主要包括作战实验条件、实验过程、实验结果、实验结论等;⑤作战实验报告属于比较正式材料,通常要形成书面材料。

二、陆军作战实验报告的内容

关于陆军作战实验报告的内容组成和格式标准,目前也没有明确统一的规范。经过研究,我们认为:规范的陆军作战实验报告通常由封面、正文和附件三大部分组成。

(一)封面内容

陆军作战实验报告封面通常包括作战实验课题、作战实验单位、报告撰写日期等内容。作战实验单位是指作战实验具体实施单位,如果有多个单位共同实施陆军作战实验,则应全部列出。作战实验课题通常由实验部队类型、实验部队级别、作战地区、作战样式加实验二字组成,比如,合成旅××地区阵地进攻战斗实验。封面的最下面是作战实验报告撰写日期,通常具体到日,如果报告撰写时间持续超过一日,则撰写日期是从开始撰写日期到完成撰写日期。

(二)正文内容

实验报告正文是陆军作战实验报告的主体,一般应包含以下内容:作战实验课题、作战实验单位、作战实验时间、作战实验地点、作战实验目的、作战实验条件、作战实验方法、作战实验内容、作战实验过程、作战实验结论、作战实验结果运用等。此外，陆军作战实验报告内容如果需要，还应包括作战实验中出现的问题和解决方法，以及收获、体会、意见和建议。

这里的作战实验课题、作战实验单位与实验报告封面对应内容相同，两者应保持一致。作战实验时间包括作战实验开始时间和作战实验结束时间。作战实验地点是指陆军作战实验的地点和具体场所。作战实验目的是通过陆军作战实验所要达到的目的。作战实验条件是指进行陆军作战实验所需的一些基础条件，主要包括红蓝战斗编成、交战方式、战场环境、运用的实验系统等。红蓝战斗编成应将红蓝双方的建制、配属和支援力量写全，可在蓝军力量后面以括号的形式注明主要武器装备类型及数量。交战方式主要是指红蓝双方以何种方式进行交战，要写清红蓝双方的进攻或防御方式。战场环境是指交战地区的战场环境条件，主要包括地形环境、水文气象环境及电磁环境。运用的实验系统要写清楚系统研制单位和系统名称。

作战实验方法是指陆军作战实验各环节采取的方法，主要包括作战实验想定编写方法、作战实验实施方法、作战实验结论形成方法。作战实验内容通常依据方案输入系统输入的方案内容进行撰写，撰写时，应尽可能详细。如果是战法实验，则实验内容应写明战法名称、具体战法组成、各具体战法对应的态势构想和主要作战行动，态势构想除文字描述外，还可用对应的态势图附后作辅助说明。如果是作战方案实验，则作战实验内容应写明作战目的、主要攻击方向、作战部署、行动方案等。撰写时应注意：涉及地点的应使用具体坐标，涉及行动实体的应写明力量组成，涉及作战目标的应写明目标类别。作战实验过程是指陆军作战实验的整个工作过程。作战实验过程撰写时，应写明作战实验阶段、时间划分及各阶段的主要工作。

作战实验结果需要依据作战实验结果数据，对应实验内容进行撰写。单次作战实验结果数据可通过查询实验评估分系统实验得到。作战实验结果撰写时，应尽量用作战实验结果数据来说话。作战实验结论是对作战实验内容进行的总体评价，需要由实验人员结合自己的知识、经验、资料和信息，综合数据分析结果形成。作战实验结论首先应总体描述红军作战方案实现作战目的的程度以及双方的战损率，即运用该作战方案或战法能否在规定时间，达成预期的作战目的。其次，应撰写通过作战实验结果发现的作战方案存在的问题，并提出相应意见建议。最后，对作战方案是否实用、可行，给出定性评价。作战实验结果运用主要是描述如何依据作战实验分析结论,对作战方案计划进行修改完善的情况。

(三)附件内容

作战实验报告附件通常将实验兵力编成、实验态势、实验结果等相关图表附在作战实验报告后面。

三、陆军作战实验报告撰写的方法

陆军作战实验报告撰写方法,按照不同的分类方法可分为多种。按照撰写手段不同,可分为人工撰写与系统生成;按照撰写顺序不同,可分为串行撰写与并行撰写;按照撰写主体不同,可分为集体撰写与分工撰写;按照撰写内容的不同,可分为直接填写与研究讨论。在实验报告实际撰写过程中,应根据实际情况和撰写需要,灵活选择、综合运用各种撰写方法。

(一)人工撰写与系统生成

人工撰写,是由实验人员通过人工手段撰写完成陆军作战实验报告。系统生成,是利用陆军作战实验系统的实验报告生成功能自动生成陆军作战实验报告。人工撰写手段耗费时间较长,撰写效率较低,但作战实验报告质量较高。系统生成手段,能够大大缩减作战实验报告撰写时间,但受限于作战实验系统报告生成功能的局限性,有些作战实验报告的内容无法自动生成,比如,作战实验结论等,只能生成作战实验报告的部分内容,而且有时作战实验报告自动生成的内容还需要人工校核。因此,通常采取人工撰写和系统生成相结合的方法撰写作战实验报告。首先,利用陆军作战实验系统自动生成作战实验报告模板和部分内容;然后,在此基础上,由实验人员利用人工手段撰写完成剩余内容,这样既提高了作战实验报告撰写的效率,也确保了作战实验报告撰写的质量。

(二)串行撰写与并行撰写

串行撰写,是将作战实验报告的内容要素按照从头到尾的顺序逐个内容完成作战实验报告撰写。并行撰写,是将作战实验报告的内容要素分成多块,并行展开内容撰写。相对来说,串行撰写所需时间长一些,并行撰写所需人员多一些,但并行撰写完毕后还需进行合稿,并且根据情况还需对报告内容进行局部调整。因此,在撰写时间比较充裕、撰写人员数量较少时,通常选择串行撰写方法;

在时间比较紧张、撰写人员数量较多时,通常选择并行撰写方法。有时也可采取串行撰写与并行撰写相结合的方法,即对于作战实验报告中相对简单的内容,采取并行撰写方法节省撰写时间,对于剩余较难的内容,则采取串行撰写方法。

（三）集体撰写与分工撰写

集体撰写,是由实验人员集中在一起共同完成作战实验报告撰写。分工撰写,是将作战实验报告内容分为多个组或分到多个人分头展开撰写。集体撰写与串行撰写有些类似,但两者出发角度不同,集体撰写从人员角度出发,强调的是人员集体完成,而串行撰写是从内容角度出发,强调的是按内容的顺序完成。分工撰写与并行撰写虽然二者出发角度不同,但对应的情况基本一致,分工撰写一般都是并行撰写,而并行撰写一般也都是分工撰写。通常撰写时间宽裕时一般以集体撰写为主,撰写时间紧张而撰写人员数量较多时可采取分工撰写,也可采取集中撰写与分工撰写相结合,简单内容分工撰写,复杂内容集体撰写。

（四）直接填写与研究讨论

直接填写与研究讨论,主要是从陆军作战实验报告具体内容完成角度进行区分,对于较简单的作战实验报告内容,作战实验完毕后就已确定,可直接填写到作战实验报告里面,比如,作战实验课题、作战实验单位、作战实验时间、作战实验地点等内容可直接填写。而对于一些复杂的作战实验报告内容,需要实验人员进行研究讨论才能确定,比如,总体结论需要由实验人员结合自己的知识、经验、资料和信息,综合数据分析结果形成。因此,直接填写与研究讨论主要依据陆军作战实验报告内容的难易程度进行选择,简单的直接填写,难的研究讨论。

四、陆军作战实验报告撰写的要求

作战实验报告撰写对于陆军作战实验来说必不可少。从某种意义上说,欠缺一份科学的、有理有据的实验报告的实验,只不过是"玩一次的实验"而已。在工程、科学实践领域,作战实验报告是鉴定、改进产品和进行科学论证的重要依据。要完成好陆军作战实验报告撰写工作,应注意以下要求。

（一）思想重视,认识到位

思想观念决定行为动作,认识到位才能行动到位。要撰写一份高质量的陆军作战实验报告,首先必须在思想上高度重视作战实验报告撰写工作,充分认识作战实验报告撰写的重要意义。作战实验报告是对陆军作战实验工作的总结提高,集中反映着陆军作战实验过程与结果,是陆军作战实验成果的最终表现形式,是陆军作战实验研究的经验结晶,是陆军作战实验效果评估的重要依据。可以说,陆军作战实验报告撰写质量的好坏,直接影响陆军作战实验效果的评估,直接影响陆军作战实验成果的反映和推广应用。

(二)集体研究,协作完成

由于陆军作战实验报告撰写涉及兵种专业较多,且需要一定的军事理论造诣和较强的数据分析能力,单靠某一个实验人员独立完成难度很大,而且质量很难保证。因此,要求所有陆军作战实验人员共同参与报告撰写工作,并由领导牵头负责,对实验内容、实验结果、实验结论等重难点内容要集体研讨,充分发挥集体的智慧,必要时,还可征求相关领域专家意见,协作完成作战实验报告,这样有利于提高陆军作战实验报告撰写的速度和质量。

(三)格式标准,要素齐全

陆军作战实验报告作为作战实验成果的正式书面材料,其内容撰写需要遵循一定的格式标准。虽然目前尚未出台统一规范的作战实验报告内容格式标准,但对于一些内容格式标准,军队其他地方有规定的需要遵循。比如,兵力编成、作战目标、作战地点等军队已有明确格式标准规范。对于未有明确格式规定的内容,要以清晰全面为标准。实验报告撰写要注意要素齐全,各内容要素要填写完整,不能有缺项、漏项。

(四)内容翔实,结论简明

陆军作战实验报告必须详细描述所有作战实验细节。描述细节不仅是为了完成作战实验分析,更重要的是为未来进行相似的作战实验提供借鉴,也为进行更深入研究的类似作战实验提供基础,消除读者对作战实验结果的怀疑,增加作战实验结论的可信性。作战实验条件、作战实验内容和作战实验结果等重点内容要尽可能翔实,要能清晰、完整地说明相关内容,同时要条理清晰、文理通顺。作战实验结论应力求简明扼要,要用精炼的语言,对战法运用或作战方案的利弊得失得出符合客观实际的评价。

(五) 认真严谨,客观真实

陆军作战实验报告撰写,必须持以严肃认真的态度,实事求是地陈述作战实验过程和结果,要注重用作战实验数据来说话,且各种数据要确凿无误,分析要客观公正,以定量分析为主。作战实验结果要真实可靠,经得起检验,丝毫不能夸张、主观臆测和弄虚作假,绝不允许为了得到作战实验结论,修改原始作战实验数据或武断地得出结论。

第九章 陆军作战实验总结

陆军作战实验总结是对陆军作战实验过程进行回顾、分析,并提升到理论高度,做出客观评价,肯定已取得的成绩,提出应汲取的教训。陆军作战实验总结是总结经验教训、深化作战实验效果的重要环节,对于促进陆军作战实验组织实施水平的提高,具有非常重要的作用。

第一节 进行陆军作战实验评估

陆军作战实验评估,是依据特定条件和标准,对陆军作战实验过程和结果进行的评析和估价。其核心是坚持问题导向,通过评估发现陆军作战实验的差距和不足,增强实验领导小组对陆军作战实验组织实施情况讲评的客观性和准确度,引导所有实验人员在认识和解决问题中实现综合能力提升,从而为提高陆军作战实验质量、推进陆军作战实验向深层次发展提供客观依据。

一、陆军作战实验评估的内容

陆军作战实验评估内容根据作战实验评估需要确定,既可以对陆军作战实验全过程进行评估,也可以对个别实验阶段进行评估,还可以针对具体一项作战实验工作评估;既可以对所有作战实验人员进行评估,也可以对部分作战实验人员进行评估。陆军作战实验全过程评估是最全面的一种评估,将作战实验评估贯穿于整个实验过程,主要包括作战实验组织评估、作战实验筹划评估、作战实验准备评估、作战实验实施评估、作战实验分析评估、作战实验保障评估等。陆军作战实验组织评估主要评估作战实验组织机构设置、作战实验组织方法选择、组织作战实验培训、作战实验过程组织等。陆军作战实验筹划评估主要评估作战实验规划、作战实验设计、作战实验想定、作战实验计划等。陆军作战实验准备评估主要评估作战实验环境构建、作战实验系统部署、作战实验数据准备、预先作战实验等。陆军作战实验实施评估主要评估作战实验数据输入、作战实验过程、作战实验进程控制、作战实验数据采集等。陆军作战实验分析评估主要评估作战实验数据整理、作战实验数据分析、作战实验结论、作战实验报告撰写等。

二、陆军作战实验评估的方法

陆军作战实验评估的方法,按照不同的分类方法可以分为多种。按照评估内容不同,可分为作战实验过程评估与作战实验结果评估;按照评估方式不同,可分为定量评估与定性评估;按照评估手段不同,可分为手工评估与系统评估;按照评估是否全面,可分为分项评估与综合评估。

(一) 过程评估与结果评估

过程评估是对陆军作战实验组织实施的过程进行的评估。结果评估是对陆军作战实验的结果进行的评估。具体每次陆军作战实验评估实践,是采取过程评估,还是采取结果评估,主要依据每次作战实验评估的目的而定。当作战实验的评估目的定位于作战实验组织实施过程是否科学规范时,可采取过程评估方法。当作战实验评估的目的定位于实验最终结果是否达到预期目的时,可采取结果评估方法。当作战实验评估的目的是上述两者兼而有之时,则可采取过程评估和结果评估相结合的方法,但究竟以哪种方法为主,还要取决于作战实验目的的侧重点。如果作战实验评估的目的侧重于前者,则以过程评估为主,过程评估的结果在最终实验评估结果中占比较大的权重。如果作战实验评估的目的侧重于后者,则以结果评估为主,结果评估的结果在最终实验评估结果中所占权重比较大。通常陆军作战实验评估是对整个陆军作战实验过程进行评估,并且侧重于评估作战实验的目的是否达成,此时应采取过程评估与结果评估相结合、以结果评估为主的评估方法。

(二) 定量评估与定性评估

定量评估是陆军作战实验人员依据量化的评估标准客观确定评估结果。定性评估是陆军作战实验人员依据定性的评估标准主观确定评估结果。定量评估具有确定性,一旦确定评估标准后,依据评估标准即可对评估内容得出评估结果,因此,定量评估结果相对客观,与实验评估人员的能力素质无关。而定性评估,由于评估标准是定性的,因此需要实验评估人员依据评估标准进行主观判断,才能得出评估结果。定性评估在客观性和准确性方面存在一定限制,评估结果往往令人难以信服,但定性评估有时也是不得已而为之,因为有些评估内容无法进行定量评估,如评估实验实施计划是否周密等。因此,在实际陆军作战实验评估过程中,通常采取定量评估与定性评估相结合的评估方法,对于能定量评估的评估内容采取定量评估方法,对于无法定量评估的评估内容则采取定性评估方法。

(三) 人工评估与系统评估

人工评估是作战实验评估人员利用人工手段完成陆军作战实验评估工作。系统评估是作战实验评估人员依托陆军作战实验评估系统完成陆军作战实验评估工作。人工评估方法,需要作战实验人员逐个指标计算评估结果,然后按照评估指标体系,自下而上不断综合,才能得出最终评估结果,而且进行作战实验评估分析时比较费时费力。系统评估方法,将评估指标体系内置于陆军作战实验系统中,只需得到各指标评估结果,就能自动计算出最终评估结果,而且对评估结果进行分类统计、按需显示和多角度分析都比较方便。因此,陆军作战实验评估时,通常采取人工评估与系统评估相结合的方法,陆军作战实验系统能完成的评估指标直接依托系统完成,陆军作战实验系统无法完成的评估指标则由人工评估方法完成,并将评估结果输入作战实验系统之中,得出最终的评估结果。

(四) 分项评估与综合评估

分项评估是针对陆军作战实验的某个部分进行的评估。综合评估是对陆军作战实验全过程进行的全面评估。分项评估是对陆军作战实验局部进行的评估,既可以是陆军作战实验过程的局部,如作战实验准备工作、作战实验实施工作、作战实验保障工作、作战实验数据分析工作等;也可以指陆军作战实验人员的部分,如作战实验组织领导人员、作战实验实施人员、作战实验保障人员等。综合评估是将陆军作战实验视作一个整体,给出综合的评估结果。由于陆军作战实验评估不仅要给出评估结果,还要给出存在的问题,这需要首先通过整体评估结果找出存在问题的方面,再通过存在问题方面的分项评估结果查找出现问题的地方。因此,陆军作战实验评估通常采取分项评估与综合评估相结合的方法,将陆军作战实验分成不同方面,再将每个方面细化到不同点,先对每个方面进行分项评估,得出分项评估结果后再将其综合成整体评估结果。

三、陆军作战实验评估的要求

陆军作战实验评估作为衡量和检验陆军作战实验组织实施质量水平的主要手段,是一把"双刃剑",作战实验评估得好,则会大大促进陆军作战实验水平提升;反之,非但起不到积极的促进作用,而且可能会对陆军作战实验造成干扰和影响。为做好陆军作战实验评估工作,应遵循以下四点要求。

(一) 树好作战实验评估导向

作战实验评估导向对于陆军作战实验评估来说至关重要,其直接关系到陆军作战实验评估的方向,直接关系到陆军作战实验评估的结果,直接关系到陆军作战实验作用的发挥。因此,开展陆军作战实验评估工作,首先必须树立正确的实验评估导向。一是树立求实导向。陆军作战实验评估必须坚持实事求是的工作态度,有机融入陆军作战实验的整个过程,既不能浮在表面、蜻蜓点水,也不能走马观花、流于形式,而要往深里走、往实里落,不走过场、扎实开展。二是树立独立导向。陆军作战实验评估要实现客观公正,就必须保持独立性,不能受作战实验人员的干扰和影响。要处理好作战实验评估与作战实验过程并行开展的关系,不能因为作战实验评估对陆军作战实验活动造成冲击和影响。三是树立问题导向。陆军作战实验评估应坚持问题导向,要把查找陆军作战实验存在的问题作为评估的着力点,既要全面准确地查找问题,又要指出问题产生的原因,还要帮助作战实验人员解决问题或找到解决问题的方法。

(二) 选好作战实验评估指标

作战实验评估指标是陆军作战实验评估的核心和关键,直接影响和制约作战实验评估结果的科学性。因此,必须确定科学合理的陆军作战实验评估指标体系。一是科学搭建作战实验评估指标体系。评估指标的确定必须建立在科学、量化的基础之上。通常利用层次分析法对评估内容要素进行精准化、数字化的描述,形成可检验、可度量、可比较的作战实验评估指标体系。整个评估指标体系分设多级评估指标,同层评估指标为相互并列关系,而上层评估指标是下层评估指标涵义的概括,下层评估指标则是上层评估指标的支撑。整个陆军作战实验评估指标体系能够客观、科学反映陆军作战实验的特征,没有重大遗漏,指标之间没有重复。二是合理确定作战实验评估指标权重。一般用权重来明确各项指标在指标体系中的相互关系。指标权重反映了各项实验评估指标的重要程度。指标权重应综合采取专家打分法、层次分析法等方法合理确定。三是科学确定作战实验评估指标标准。评估标准是指具体作战实验评估指标相应的标准数据。评估标准如果在相关规范、理论教材、有关规定中有明确规定,可直接从中选取;如果未有明确规定,则通常由实验评估领域专家集体研究确定。

(三)建好作战实验评估模型

作战实验评估模型是指用于计算陆军作战实验评估指标结果的模型。陆军作战实验评估所需的模型不是一两个,而是一个由众多模型组成的模型体系。评估模型的好坏会直接影响评估结果的准确性。因此,陆军作战实验评估必须要建好作战实验评估模型。陆军作战实验评估模型主要依据陆军作战实验评估指标体系构建,但并不是所有作战实验评估指标都需要构建实验评估模型,只有一些相对复杂的作战实验评估指标才需构建评估模型。陆军作战实验评估模型构建最好由军事人员和技术人员相互配合完成,确保军事需求和技术实现的有效对接,充分发挥技术的支撑和推动作用。作战实验评估模型构建时,要力求科学客观,充分考虑主要影响因素,积极采用先进的建模方法,使得模型既可以最大限度反映客观实际也不至于特别复杂。此外,作战实验评估模型构建完毕后,应加强对评估模型进行审核、验证和认证,以确保评估模型的可信和可用。

(四)用好各种信息获取手段

进行陆军作战实验评估,首先需要获取评估所需的信息或数据,而信息或数据的获取严重依赖于获取手段。因此,为了在较短的时间获取足量的信息或数据,陆军作战实验评估需要利用好各种获取手段。一是用好观察手段。在陆军作战实验组织实施过程中,实验评估人员应近距离观察各项实验工作,查看工作计划、开展及完成情况。二是用好查询手段。陆军作战实验过程中会形成各种文书、情况记录等,实验评估人员可通过认真查阅这些材料,获取相应的实验评估信息。三是用好询问手段。针对作战实验信息或数据获取中的模糊或疑问,实验评估人员可对相关实验人员进行询问,以确认信息或数据的准确性。四是用好研讨手段。在陆军作战实验过程中,如果实验评估人员对个别评估内容无法准确把握,则可与其他评估人员进行研讨,共同确定以提高作战实验评估的科学性。针对一些作战实验评估的难点,必要时实验评估小组可组织集体研讨来确定评估结果。

第二节　进行陆军作战实验总结

在完成所有陆军作战实验任务后,应及时对陆军作战实验情况进行全面科学总结,系统回顾、梳理和评价陆军作战实验全过程各项工作,总结经验教训,指出存在问题。陆军作战实验总结对于促进陆军作战实验水平提升,具有积极的作用和意义。

一、陆军作战实验总结的内容

陆军作战实验总结的内容,根据作战实验课题、作战实验目的、作战实验方法和作战实验对象等具体确定,通常包括陆军作战实验的基本情况、存在问题、整改措施和建议等。

(一) 基本情况

作战实验基本情况是对陆军作战实验总体情况的描述,主要包括陆军作战实验课题、实验目的、实验内容、实验时间、实验编组、实验模式、组织实施时间、地点、方法、过程、特点以及主要经验等内容,并对陆军作战实验的主客观条件和利弊因素进行分析,要求提纲挈领、一目了然。具体方法既可平铺直叙,也可归纳为特点加以阐述。

(二) 存在问题

存在的主要问题,可以从整个陆军作战实验组织实施的角度进行归纳概括、集中总结,也可以按作战实验组织、作战实验筹划、作战实验准备、作战实验实施、作战实验分析、作战实验保障等方面进行逐个总结。

(三) 措施建议

对策建议,主要针对自身能够解决的问题,制定出相应的整改措施;对自身不能解决的问题,向上级提出具体的对策建议。

二、陆军作战实验总结的方法

陆军作战实验总结通常按照总结部署、总结准备和总结实施的步骤开展。

（1）总结部署。通常由陆军作战实验组织领导小组以会议或文件的形式对总结工作做出部署，主要明确陆军作战实验总结的内容、范围、时间、方法、步骤和要求等。

（2）总结准备。陆军作战实验人员应充分进行总结准备：①要认真回顾陆军作战实验组织实施情况，利用系统查阅各种作战实验组织实施信息数据；②要针对陆军作战实验组织实施情况，总结归纳存在的问题，并针对存在的问题，认真分析产生问题的原因，提出针对性的改进意见或建议。

（3）总结实施。通常由陆军作战实验组织领导小组组织实施。陆军作战实验总结，既可以采取先分阶段或专题总结后最终总结的方法进行，也可以直接进行最终总结。分阶段或专题总结时，既可按照作战实验准备、作战实验实施、作战实验保障、作战实验数据采集分析等专题进行，也可以按照作战实验前准备阶段、作战实验实施阶段逐个阶段进行。陆军作战实验总结讲评时，一方面，情况叙述要简明扼要、语言精练、观点鲜明，不做无谓的材料堆砌和过多的重复，以免影响总结讲评的效果；另一方面，总结讲评的语言要生动，简洁而不单调，真实而不呆板，令人听之有味，评之有趣。

三、陆军作战实验总结的要求

毛泽东曾说过："我们共产党是靠总结经验过日子的"，从这句话足可以看出总结的重要意义。陆军作战实验总结亦不例外，具有非常重要的作用。从某种意义上说，陆军作战实验总结比陆军作战实验本身更有意义。在进行陆军作战实验总结时，应注意把握以下要求。

（一）深入思想发动

面对陆军作战实验总结，经常会出现实验人员认识不到位的问题，比如，有的陆军作战实验人员认为作战实验总结就是走个形式，把作战实验做好就可以；有的人员认为作战实验总结就是写个总结、开个大会、念个稿子；有的人员认为作战实验总结主要是表扬人，顺带提几个问题；有的人员认为作战实验总结是少数几个人的事情，与己无关。因此，进行陆军作战实验总结前，首先必须搞好思想发动。通过深入动员部署，纠正陆军作战实验人员对作战实验总结的错误认识，使所有陆军作战实验人员从思想上都高度重视作战实验总结工作，深刻认识作战实验总结的重要作用和意义，充分认清作战实验总结的全员参与性，积极主动地参与到作战实验总结工作中。一方面,陆军作战实验人员要结合个人实验角色,认真反思作战实验情况、总结经验教训、查找存在的不足和问题,搞好个人总结,为整个作战实验总结提供素材;另一方面,陆军作战实验人员要全身心参与到作战实验总结中,认真倾听他人发言,吸收好的经验做法,吸取教训,避免同样的问题发生,实现多人受益、共同提高。

(二)坚持问题导向

作战实验总结不但要总结陆军作战实验的经验教训,更为重要的是指出作战实验过程中存在的问题以便日后改进。因此,陆军作战实验评估应坚持总结经验与发现问题相结合,以发现问题为主。一是要全过程查找问题。结合陆军作战实验组织实施流程,全面查找陆军作战实验过程中存在的问题。陆军作战实验准备要侧重于实验准备是否按时保质保量完成等方面存在的问题;陆军作战实验组织要侧重于组织计划是否严密等方面存在的问题;陆军作战实验实施要侧重于实验实施控制是否科学等方面存在的问题;陆军作战实验保障侧重于实验保障是否及时到位等方面存在的问题;陆军作战实验数据采集分析侧重于实验数据采集是否足量够用,分析是否客观准确等方面存在的问题。二是要多方位收集问题。将陆军作战实验组织实施时发现的问题、个人及小组总结时发现的问题、作战实验评估时发现的问题等收集在一起,进行汇总梳理。三是要多角度分析问题。陆军作战实验总结,既要找出存在的主要问题,又要从不同的角度分析问题,找出问题产生的主、客观原因。

(三)用好成果手段

陆军作战实验总结准备,尤其是最终的整体总结材料准备时,要用好前期各项作战实验成果,以提高总结效率和针对性。一是用好作战实验报告。作战实验报告中不仅包括实验时间、地点、单位、目的、内容、方法等作战实验的基本信息,还包括作战实验过程、结果、结论等整体情况,这些内容有的直接可以拿到作战实验总结中,有的可以为作战实验总结提供重要参考。二是用好评估结果。作战实验评估从领域专家视角对陆军作战实验全过程进行全面的检视评价,给出了陆军作战实验组织实施的评估结果,指出了作战实验过程中存在的主要问题。作战实验评估结果可以为作战实验总结尤其是陆军作战实验评价与实验问题分析提供重要依据。三是用好作战实验记录。陆军作战实验过程中会进行各种作战实验记录,如实验突发情况处置记录等,这些实验记录是实验经验教训总结时的重要素材。此外,陆军作战实验总结讲评时,要充分利用陆军作战实验系统的态势再现、令报浏览、战损统计、文书调阅等功能再现作战态势,分析存在的问题等,避免总结只念稿子,使总结讲评更加形象直观。

(四) 注重提炼升华

组织陆军作战实验总结的根本目的,旨在使陆军作战实验人员通过作战实验能够从中获得实践经验和吸取教训。从一定意义上来讲,陆军作战实验实践一方面是检验印证陆军作战理论的过程,另一方面也是通过实践发展和完善陆军作战理论的过程。因此,陆军作战实验总结必须对作战实验的经验和教训进行分析梳理和归纳提炼。通过总结,把那些零散的、不系统、不规范的经验、教训进行加工升华,形成易于实验人员接受理解的成果,无论是经验还是教训,都要分项列出、重点说明,既要避免平铺直叙,也不能简单地就事论事。特别是总结教训时,要善于透过现象从本质上找原因,努力把握看待问题、分析问题的角度,积极营造研究作战实验、深化提高的良好氛围,真正实现"实验一次、进一步"的作战实验目的。

第三节 陆军作战实验资料归档

陆军作战实验资料归档,是陆军作战实验的收尾工作,其主要目的是将作战实验文书、作战实验过程、作战实验结果等有关情况进行整理归档,以备后用。陆军作战实验资料归档工作非常必要,也非常重要,通过归档的作战实验资料,既可以全面了解具体某场陆军作战实验活动的详细情况,又可以为后续陆军作战实验活动的开展提供参考借鉴。从这种意义上来说,作战实验资料归档工作可以看作作战实验价值的延续之举。

一、陆军作战实验资料归档的内容

陆军作战实验过程中会产生大量的资料,既有纸质资料,又有电子资料,还有音视频资料等,如果资料归档时间、存储空间允许,应将陆军作战实验过程中所产生的全部资料尽数归档;如果实际情况不允许,可择要归档或根据实验领导小组的指示对实验资料进行选择归档。通常需要归档的陆军作战实验资料主要包括作战实验基础资料、作战实验文书资料、作战实验过程资料、作战实验成果资料等。

（一）陆军作战实验基础资料

陆军作战实验基础资料是指陆军作战实验组织实施所需的各种基础，包括作战实验基础数据、作战实验模型、作战实验指标体系等。作战实验基础数据又包括地理环境数据、气象环境数据、电磁环境数据、兵力编成数据、武器装备数据等。

（二）陆军作战实验文书资料

陆军作战实验文书资料，是指陆军作战实验过程拟制的各种正式文书，包括作战实验方案、作战实验计划、作战实验想定、决心方案、作战计划、作战实验报告、作战实验总结等。作战实验计划又包括作战实验准备计划、作战实验实施计划、作战实验保障计划、作战实验数据采集计划、作战实验总结计划等。

（三）陆军作战实验过程资料

陆军作战实验过程资料，主要是对陆军作战实验过程的情况记录，包括根据作战进展情况进行的实验过程记录、修改作战实验情况后进行的实验过程记录，以及实验过程中出现意外情况的处置记录等。

（四）陆军作战实验成果资料

陆军作战实验成果资料，是指陆军作战实验产生的结果及相关结论等资料，主要包括模拟仿真实验结果（作战效果统计、战损情况统计、作战消耗量统计、指标实验结果等）与综合研讨等资料。

二、陆军作战实验资料归档的方法

陆军作战实验资料归档的方法，从不同角度划分有很多种。常用的作战实验资料归档方法，主要有过程归档与结束归档、手工归档与系统归档、按类型归档与按内容归档等。可根据实际需要，灵活选择作战实验资料归档方法。

（一）过程归档与结束归档

按照资料归档时机的不同，作战实验资料归档方法可分为过程归档与结束归档。过程归档,是在陆军作战实验过程中随时或定时对作战实验资料进行归档。结束归档,是在陆军作战实验结束后一次性对作战实验资料进行归档。过程归档可在作战实验资料产生后及时进行归档,确保作战实验资料不被遗漏,还可将繁重的作战实验资料归档工作分散到陆军作战实验过程中,有利于减轻最后资料归档的压力。而结束归档将所有作战实验资料都放到最后归档,由于需要归档的实验资料较多、时间通常比较紧张,所以,归档压力相对较大,且容易发生资料遗漏的现象。因此,对于陆军作战实验资料的归档,通常选择过程归档方法。但如果作战实验归档时间较长、归档人员数量较多,亦可采取结束归档方法。

（二）手工归档与系统归档

按照资料归档手段的不同,作战实验资料归档方法可分为手工归档与系统归档。手工归档,是采取手工方式对作战实验资料进行归档。系统归档是利用陆军作战实验系统对作战实验数据进行备份归档。手工归档时,通常将作战实验资料一份份进行归档。系统归档时,通常根据归档需要,利用陆军作战实验系统的数据备份或导出功能,将选择的全部或某类作战实验数据导出进行整体备份,归档效率较高,但该方法只适用于作战实验系统数据归档。因此,对陆军作战实验系统的数据进行归档时,通常选择系统归档法。而对于陆军作战实验文书、图片、音视频等实验资料归档时,一般选择手工归档法。

（三）按类型归档与按内容归档

按照资料归档依据的不同,作战实验资料归档方法可分为按类型归档与按内容归档。按类型归档,是按照陆军作战实验资料的类型进行资料归档。陆军作战实验资料总体上可分为电子资料和纸质资料两种类型,两种类型实验资料归档的载体也有所不同,电子资料通常归档到资料硬盘或资料服务器上,纸质资料通常归档到资料柜或保密柜里面。电子资料又包括电子文件资料、图片资料、音频资料、视频资料、实验数据等类型,纸质资料又包括纸质文书资料、纸质地图资料等类型。按照类型归档,就是按照上述类型划分进行归档。按内容归档,是按照陆军作战实验资料的内容进行资料归档,如按照作战实验方案、作战实验计划、作战实验结果、作战实验报告等进行归档。陆军作战实验资料归档,通常采取按类型归档与按内容归档相结合的方法,即首先按照类型归档将作战实验资料进行分类,然后按照作战实验资料内容的不同进行归档。

三、陆军作战实验资料归档的要求

陆军作战实验资料归档工作看似简单,但想做好并非易事。为提高作战实验资料归档效率,确保归档质量,在陆军作战实验资料归档过程中,应注意把握以下要求。

(一) 高度重视

做好陆军作战实验资料归档工作的首要前提就是从思想上高度重视该项工作。但目前许多人对陆军作战实验资料归档工作的认识不到位,主要表现如下:有的认为陆军作战实验资料归档工作就是走个形式而已;有的认为陆军作战实验资料归档工作就是把实验资料收集到一起,没什么技术含量;有的把陆军作战实验资料归档工作交代给两三个人简单弄弄即可;还有的认为实验总结完毕整个作战实验就结束了,根本不知道还需要陆军作战实验资料归档,等等。这些错误或片面的认识在一定程度上影响了陆军作战实验资料归档工作的顺利开展和最后质量。因此,陆军作战实验组织者要教育引导所有实验人员高度重视作战实验资料归档工作,纠正错误观念,充分认识作战实验资料归档的重要意义,积极参与作战实验资料归档工作。

(二) 及时全面

陆军作战实验需要归档的资料种类和数量比较多,为了避免出现作战实验资料归档过程中遗漏相关资料,实验管理人员应密切关注作战实验进展情况,在陆军作战实验过程中及时对作战实验资料进行归档,做到作战实验资料边产生边归档。如果作战实验资料版本发生修改,也要及时更新最新作战实验资料。此外,为了确保对作战实验资料进行全面归档,实验管理人员可以根据以往作战实验资料归档经验,事先对陆军作战实验过程中可能产生的作战实验资料进行分析,拟制作战实验资料归档计划,作战实验过程中按计划进行归档,动态掌握作战实验资料归档情况和归档进度。

(三) 格式规范

陆军作战实验资料归档的主要目的是供日后使用。为了便于日后对作战实验资料进行查找使用,在陆军作战实验资料归档过程中,应注意格式规范。一方面,作战实验资料内容尤其是实验文书的内容格式应规范统一;另一方面,作战实验资料的名称命名也应该相对统一,可以根据需要,将实验课题、实验单位、实验地点、实验时间等要素在作战实验资料名称中进行体现,便于使用不同的关键词均可快速查找到所要的作战实验资料。为避免作战实验资料名称过长,可制作代码表,将部分作战实验要素名称用代码表示。此外,作战实验资料的格式规范,也会使作战实验归档工作具备较高的规范化水平,随着陆军作战实验资料归档数量的日益增多,这种规范化显得尤为可贵。

（四）严谨积极

陆军作战实验资料对于陆军作战实验来说是一笔非常宝贵的财富,可以为日后陆军作战实验的组织实施提供重要的参考借鉴,但前提是作战实验资料必须清晰准确,否则参考价值则会大打折扣。因此,陆军作战实验资料归档过程中,无论是作战实验资料提供人员,还是作战实验资料归档人员,都必须坚持严谨细致的态度,力避粗心马虎。作战实验资料提供人员应积极向实验资料归档人员提供作战实验资料,并仔细检查作战实验资料有无问题。作战实验资料归档人员也要对归档资料认真核对,确认无误后方可归档。在整个陆军作战实验资料归档过程中,应注重做好资料归档记录,详细记录实验资料提供人员的姓名、实验中所担任的职务、实验资料名称、提供时间,以及资料接收人姓名、接收时间、资料归档人姓名、归档时间等,以便日后了解掌握资料归档经过和资料溯源。

参考文献

[1] 吕跃广,方胜良.作战实验[M].北京:国防工业出版社,2007.
[2] McCue B. The Practice of Military Experimentation[EB/OL]. 2009. http://www.cna.org.
[3] Kass R A. The logic of Military Warfighting Experiments[EB/OL]. 2010. http://www.dtic.mil/ttcp.
[4] 王辉青.论作战实验的科学基础和实践价值[J].中国军事科学,2007,20(3):1-5.
[5] 徐享忠,汤再江,于永涛,等.作战仿真实验[M].北京:国防工业出版社,2013.
[6] 江敬灼,等.作战实验若干问题研究[M].北京:军事科学出版社,2010.
[7] 卜先锦,张德群.作战实验学教程[M].北京:军事科学出版社,2013.
[8] 卜先锦,张德群.作战实验学[M].北京:军事科学出版社,2015.
[9] 战晓苏.作战实验工程基础教程[M].北京:军事科学出版社,2013.
[10] 曹裕华,管清波,白洪波.作战实验理论与技术[M].北京:国防工业出版社,2013.
[10] 李辉.美军作战实验研究教程[M].北京:军事科学出版社,2013.
[11] 胡斌,王晓彪.美军作战实验室发展综述[J].军事系统工程,2000,3:32-36.
[12] 李策,申天良.陆军作战实验概论[M].北京:军事科学出版社,2016.
[13] 马开成,任重.陆军作战实验室建设研究[J].军事运筹与系统工程,2010,24(1):34-38.
[14] 王凯,赵定海,闫耀东,等.武器装备作战实验[M].北京:国防工业出版社,2012.
[15] 张野鹏.作战实验与作战实验室[M].北京:解放军出版社,2016.
[16] 王治邦.陆军作战实验理论与实践[M].北京:海潮出版社,2009.
[17] 胡剑文.作战仿真实验设计与分析[M].北京:国防工业出版社,2010.
[18] 胡剑文,常青,冯晓文.作战仿真实验理论、平台与应用[M].北京:国防工业出版社,2016.
[19] 金光.数据分析与建模方法[M].北京:国防工业出版社,2013.
[20] 赵倩,董冬梅,姜桂河,等.作战仿真数据的量化与分析[M].北京:国防工业出版社,2015.
[21] 徐享忠,于永涛,刘永红.系统仿真[M].北京:国防工业出版社,2012.
[22] 邓红艳,邓桂龙,赵倩,等.作战仿真理论与实践[M].北京:国防工业出版社,2013.
[23] 军事科学院军事运筹分析研究所.军事运筹分析方法[M].北京:军事科学出版社,2009.

[24] 军事科学院军事运筹分析研究所. 作战实验理论与实践[M]. 北京:军事科学出版社,2008.

[25] 军事科学院军事运筹分析研究所. 作战实验建模仿真与分析[M]. 北京:军事科学出版社,2008.

[26] 军事科学院军事运筹分析研究所. 作战实验实施指南[M]. 北京:军事科学出版社,2008.

[27] 军事科学院军事运筹分析研究所. 战略分析与作战实验[M]. 北京:军事科学出版社,2011.